THE ABC OF WELSH

The ABC of Welsh is a course which consists of four cassettes and a book. The aim of the course is to introduce the learner to the Welsh language and it is based on the first year of the *Catchphrase* programme, broadcast daily on BBC Radio Wales. It is different from other language courses in that it uses a genuine learner, London-born Carole Watkins, who is taught by three teachers, Ann Jones (North Wales), Basil Davies (West Wales) and Cennard Davies (South Wales) - who give you the ABC of Welsh - and all other letters in the alphabet as well!

The emphasis of the course is on speaking the language and we have attempted to explain the basic language patterns in simple terms. In the comprehensive book, which accompanies the tapes, each of the three teachers has prepared notes, which correspond to the units which she/he teaches on the tapes.

We hope you will find this course useful, instructive and entertaining.

GOOD LUCK TO YOU!
POB LWC I CHI!

A WORD TO THE LEARNER

In this book, you will see that each of the three teachers has prepared notes which correspond to the units which he/she teaches on the tapes. The notes in each unit are set out in three sections:

A. An explanation of the language patterns in the same order as that in which they are taught on the tapes.
B. Examples of the patterns taught as used in everyday speech.
C. Exercises based on the patterns taught.

Good luck to you!   Pob lwc i chi!

CYNNWYS:CONTENTS
TUDALEN/PAGE

Rhagair (Foreword)	iii
A Word to the Learner	v
Uned 1: Ynganiad; Cyfarchion. (Pronunciation; Greetings.)	1
Uned 2: Oed; (Age.)	6
Uned 3: Negyddol; Dyddiadau; Gorffennol 'mynd' (Negatives; Dates; Past Tense of 'to go'.)	11
Uned 4: Gwyliau; (Holidays.)	16
Uned 5: Amser (Time.)	21
Uned 6: Amser; Ffurfiau cwestiwn 'bod'. (Time; Question forms of 'to be'.)	24
Uned 7: Bwyd (Food.)	29
Uned 8: Cwestiynau; Negyddol. (Questions; Negatives.)	33
Crynodeb o Ramadeg; (A Summary of Grammar.)	36
Uned 9: Y teulu (The family.)	39
Uned 10: Y Nadolig (Christmas.)	44
Uned 11: Atebion (Yes/No answers.)	48
Uned 12: Geni (To be born.)	51
Uned 13: Pen-blwyddi (Birthdays)	54
Uned 14: Y Tywydd (The Weather.)	57
Uned 15: 'Rhaid' ('Must').	61
Uned 16: Salwch/Tostrwydd (Ailments.)	65
Crynodeb o Ramadeg; (A Summary of Grammar.)	69
Uned 17: Dyddiau Gŵyl (Festivals.)	73
Uned 18: Gorchmynion (Commands.)	77
Uned 19: Defnyddio 'ti' (Using *'ti'*.)	81
Uned 20: Disgrifio pobl (Describing people.)	86
Uned 21: Hwn; Hon etc. (This; That etc.)	90
Uned 22: Y Dyfodol (The Future)	94
Uned 23: Cwestiynau yn y Dyfodol (Questions in the Future.)	98
Uned 24: I fod i (supposed to.)	102
Crynodeb o Ramadeg (A Summary of Grammar.)	106
Uned 25: Cwestiynau 'Pwy?' ('Who?' Questions.)	112
Uned 26: Perchnogaeth (Ownership)	117
Uned 27: Cas bethau (Dislikes.)	120
Uned 28: Yr Eisteddfod.	124
Uned 29: Os (If.)	128
Uned 30: Bod (That.)	131
Uned 31: Ffurfiau personol 'bod' (Personal forms of *'bod'*–'that'.)	134
Uned 32: Dylwn etc. (Ought to.)	138
Crynodeb o Ramadeg (A Summary of Grammar)	141
Atodiad 1 (Appendix 1.)	144
Atodiad 2 (Appendix 2.)	159
Atodiad 3 (Appendix 3.)	167

Atebion (Answers.) 168
Geirfa (Vocabulary.) 168
Mynegai (Index.) 169

UNED 1

YNGANIAD (PRONUNCIATION)

(i) **Vowels**

There are seven in Welsh:—

a	-as in 'far'	e.g. tad (Long)
a	-as in 'fat'	e.g. mam (Short)
e	-as in 'fate'	e.g. tref (Long)
e	-as in 'bed'	e.g. pen (Short)
i	-as in 'been'	e.g. ti (Long)
i	-as in 'think'	e.g. inc (Short)
o	-as in 'more'	e.g. dod (Long)
o	-as in 'orange'	e.g. cloc (Short)
u	-as in 'been'	e.g. un (Long)
u	-as in 'tin'	e.g. rhywun (Short)
w	-as in 'moon'	e.g. gŵr (Long)
w	-as in 'cook'	e.g. lwcus (Short)
y	-as in 'she'	e.g. tŷ (Long)
y	-as in 'her'	e.g. yn (Obscure)
y	-as in 'spin'	e.g. hyn (Short)

NOTE: In North Wales, the vowel **u** is a less narrow sound. It is more like the French **u**.

NOTE: When two vowels stand next to each other, each one is heard (unlike the English 'bawdy', 'clue', 'toad', for example).

e.g. aw - e.g. Brynmawr; Abertawe
au - e.g. Penparcau; Llidiardau
wy - e.g. Clwyd; Llanddwyn

(ii) **Consonants**

Some Welsh consonants are different from English consonants. Others are 'hard' and never 'soft'.

c	- as in 'car'	e.g. Caerdydd; Pencader
ch	- as in 'loch'	e.g. Clydach; Chwilog
dd	- as in 'those'	e.g. Tyddewi; Caerfyrddin
f	- as in 'very'	e.g. Llandaf; Trefriw
ff	- as in 'face'	e.g. Trefforest; Llansteffan
g	- as in 'girl'	e.g. Glynebwy; Gwent
ng	- as in 'bring'	e.g. Sling
ll	- unvoiced 'l'	e.g. Llanelli; Llundain

r	- as in 'red'	e.g.	Bronaber; Aberaeron
rh	- (r + h)	e.g.	y **Rhondda**
s	- as in 'seat'	e.g.	Bedwas; Maesteg
th	- as in 'thin'	e.g.	Aberystwyth; Caeathro

CYFARCHION (GREETINGS)

A. 1. Bore da   - Good morning
    Noswaith dda   - Good evening
    P'nawn da   - Good afternoon (Prynhawn)
    Nos da   - Good night

2. **RYDYCH CHI** — you are/you do;   Sut - How?
    Sut rydych chi?   - How are you?
    (S.W. dialect   - Shwt 'ych chi?)
    (N.W. dialect   - Sut 'dach chi?)

3. da - good/well   iawn - very
    Da iawn, diolch!   - Very well, thanks!
    Eithaf da!   - Quite well!

4. **YDYCH CHI** - are you;   **YDW I** - am I
    Pwy?   - Who?
    Pwy ydych chi?   - Who are you?
    Carol ydw i.   - I'm Carol (lit. Carol am I).

When giving your name always use the 'emphatic' pattern, i.e. place the name at the beginning of the sentence.

5. **RYDW I**   -I am/I do   Ble?   - Where?
    byw (yn byw)   - to live (living)   O ble?   - From where?
    dod (yn dod)   - to come (coming)   yn   - in
    o   - from

Ble rydych chi'n byw?   - Where are you living?
                                    (Where do you live?)
c.f. Sut rydych chi?   - (See Note 2)
O ble rydych chi'n dod?   - From where do you come?
                                    (lit. From where are you coming?)

Rydw i'n byw yn....   - I am living in....
                                    (I do live in....I live in....)

Rydw i'n dod o....   - I am coming from....
                                    (I do come from....I come from....)

NOTICE:

1. **Yn** (in) causes a change in the first letter of the following word. This is known as a Nasal Mutation. You will notice that **yn** itself also changes — to make pronunciation easier. Learn a few examples parrot fashion at this stage.

    e.g. in Cardiff (Caerdydd)   - yng **Ngh**aerdydd
          in Wales (Cymru)   - yng **Ngh**ymru
          in Powys   - ym **Mh**owys
          in Bangor   - ym **M**angor

2. **O** (from) causes a change in the first letter of the following word. This is known as a Soft Mutation. Learn a few examples parrot fashion at this stage.

    e.g. from London (Llundain) - o Lundain
          from Bangor   - o Fangor
          from Cardiff (Caerdydd) - o Gaerdydd
          from Dyfed   - o Ddyfed

3. chi + yn > chi'n
   i + yn > i'n

6. yn briod - married
   Ydych chi'n briod?   - Are you married?
   c.f. Pwy ydych chi?   - (See Note 4)
   Ydych chi'n byw yng Nghaerdydd?   - Do you live in Cardiff?
   Ydych chi'n dod o Lundain?   - Do you come from London?
   Ydw.   - Yes (I am/I do).
   Nac ydw.   - No (I am not/I don't).

7. plentyn   - child   merch (b)   - girl, daughter
   bachgen   - boy   Faint?   - How many?

   Oes plant 'da chi? (S.W.)   - Do you have children?
   Oes plant gennych chi? (N.W.)
   Oes.   - Yes (I have).
   Nac oes.   - No (I haven't).

8. Learn the following parrot fashion at this stage:

   1 - un; 2 - dau (g), dwy (b); 3 - tri (g), tair (b); 4 - pedwar (g), pedair (b); 5 - pump.

   Masculine nouns (g)   **Feminine nouns (b)**
   (g = gwrywaidd)   (b = benywaidd)

   un plentyn; un bachgen   un ferch
   dau blentyn; dau fachgen   dwy ferch

3

　　　　tri **ph**lentyn; tri bachgen　　　　tair merch
　　　　pedwar plentyn; pedwar bachgen　　pedair merch
　　　　pum plentyn; pum bachgen　　　　　pum merch

　　Notice:— 1. Singular nouns are used with all numbers.
　　　　　　　 2. Some numbers cause a mutation.
　　　　　　　 3. **Pump** drops the final **p** in front of a noun. (This rule is often ignored in spoken Welsh.)
　　　　　　　 4. The numbers 2, 3, and 4 have a feminine form.

9.　and - a (used in front of a consonant)
　　　　　ac (used in front of a vowel)
　　e.g.　bachgen **a** merch; un bachgen **ac** un ferch.

B.　**YR IAITH AR WAITH (USING THE LANGUAGE)**

　　　Carol:　　Bore da!
　　　Ann:　　 Bore da! Sut rydych chi?
　　　Carol:　　Da iawn, diolch. Sut rydych chi?
　　　Ann:　　 Eithaf da, diolch. Ble rydych chi'n byw?
　　　Carol:　　Rydw i'n byw yng Nghaerdydd. Ble rydych chi'n byw?
　　　Ann:　　 Rydw i'n byw yng Ngwenfô.
　　　Carol:　　O ble rydych chi'n dod?
　　　Ann:　　 Rydw i'n dod o Wynedd. Ydych chi'n dod o Gymru?
　　　Carol:　　Nac ydw! Rydw i'n dod o Lundain.
　　　Ann:　　 Ydych chi'n briod?
　　　Carol:　　Ydw.
　　　Ann:　　 Oes plant 'da chi?
　　　Carol:　　Oes.
　　　Ann:　　 Faint?
　　　Carol:　　Dau. Un ferch ac un bachgen. Ydych chi'n briod?
　　　Ann:　　 Ydw.
　　　Carol:　　Oes plant 'da chi?
　　　Ann:　　 Nac oes.

C.　**YMARFERION (EXERCISES)**

　　(i)　Dodwch y canlynol ar ôl 'o'.
　　　　(Put the following after **o** (from)):—

　　　　Caerdydd; Caernarfon; Caerffili; Bangor; Bedwas; Brynmawr; Llundain; Llansteffan; Dyfed; Dolgellau.

(ii) Dodwch y canlynol ar ôl '**yn**'. (Put the following after **yn** (in)):—

Cymru; Casnewydd; Clwyd; Powys; Penybont; Pontypridd; Bangor; Brechfa; Bedwas; Blaenau Ffestiniog.

(iii) Llenwch y bylchau. (Fill in the blanks.):—
1. Pwy.........chi?
2. ....rydych chi'n byw?
3. Rydw i'n dod.....Wynedd.
4. ......chi'n briod?
5. ....plant 'da chi?

(iv) Cyfieithwch (Translate):—
1. I am Robert.
2. I live in Bethesda.
3. Where do you come from?
4. Do you have a daughter? Yes
5. Do you live in Wales? Yes

(v) Atebwch y cwestiynau yma. (Reply to these questions):—
1. Ydych chi'n briod? (Yes)
2. Pwy ydych chi?
3. Ydych chi'n byw yn Awstralia? (No)
4. Oes plant 'da chi? (Yes)
5. Faint? (Three. Two girls and one boy.)

UNED 2

In this unit we are going to learn how to convey the age of children; where people, particularly children, are located and things they like doing.

A. 1. Rhifau (Numbers) 1 - 15

    un (1)   wyth (8)
    dau (2)   naw (9)
    tri (3)   deg (10)
    pedwar (4)   un deg un (11)
    pump (5)   un deg dau (12)
    chwech (6)   un deg tri (13)
    saith (7)   un deg pedwar (14)
                                  un deg pump (15)

   2. Geirfa (Vocabulary)

    oed   - age   y plant   - the children
    mae   - is.   beth ydy? - what is?

3. **Beth ydy oed y plant?/Faint ydy oed y plant?**
   What is the age of the children?
   Oed y plant literally means **age the children.**
   c.f. oed Jane (Jane's age)

4. *Dau* (2); *tri* (3); and *pedwar* (4) have feminine forms, namely; *dwy; tair; pedair.* **Age** or *oed* is feminine so we use these numbers when we refer to age even if the person referred to is male.

    e.g.   dwy oed   2 years of age
            tair oed   3 years of age
            pedair oed   4 years of age
            pump oed   5 years of age

5. The way to say, for example, that:
   'Jane is seven years of age' is:-
   Mae Jane yn saith oed.
   In Welsh the verb very often comes first in the sentence (before the subject - Jane). Then, in this instance, the linking word *yn* connects the subject *(Jane)* and the number *(saith)*.

    e.g.   Mae John **yn** wyth oed.
            Mae Alun **yn** naw oed.
            Mae Siân **yn** un deg pump oed.

6. Note the linking word *yn*. It hasn't a translateable value in English. This *yn* is followed by a Soft Mutation. i.e. particular consonants at the beginning of the numbers which follow '*yn*' will change. (See Appendix 1 + 2.)

   e.g. Mae Mair yn **dd**wy oed.
   Mae Alun yn **d**air oed.
   Mae Bryn yn **b**edair oed.
   Mae Gwen yn **b**ump oed.
   Mae Gwyn yn **dd**eg oed.
   Yn becomes '*n* after a vowel. e.g. Mae e'n......

7. As you can see it isn't necessary to convey the *years* element in Welsh. It's sufficient to convey, for example, **'ten age'** *(deg oed)*.

8. | | | | |
   |---|---|---|---|
   | heddiw | -today | ble mae? | -where is? |
   | yn | -in | y/yr | -the |
   | yn yr ysgol | -in school | eich | -your |
   | yn y tŷ | -in the house | gŵr | -husband |
   | yn y gwaith | -in work | gwraig (b) | -wife |
   | yn y swyddfa | -in the office | | |

9. Learn the present tense of the verb **to be - BOD**

   1. rydw i   -I am
   2. rwyt ti   -you are
   3. mae hi/Jane   -she/Jane is
      mae e/John   -he/John is
      mae'r plant   -the children are

   1. rydyn ni   -we are
   2. rydych chi   -you are
   3. maen nhw   -they are

10. Note that in Welsh we say:
    yn yr ysgol - in school
    yn y gwaith - in work

    i.e. In Welsh we say:
    in **the** school, in **the** work

11. *y, yr, 'r* convey the English word *the*.
    Y comes between two consonants. e.g. yn y gwaith.
    Yr comes between a consonant and a vowel. e.g. yn yr ysgol.
    'r comes after a vowel. e.g. mae'r plant.
    Notice:- There is no Welsh equivalent of the indirect article (*a/an*).
    i.e. a girl = merch.

12. Note that we say:
    Mae'r plant.....(The children are......), but it literally translates: The children is...... since *Mae* means 'is'. But *maen* is always followed by *nhw* and not by a noun; so remember that *maen y plant* is incorrect.

13. Berfenwau (Verb-nouns)
(yn) garddio	- to garden (gardening)
(yn) chwarae	- to play (playing)
(yn) cerdded	- to walk (walking)
(yn) canu'r piano	- to play (playing) the piano
(yn) trwsio'r car	- to repair (repairing) the car
(yn) gwrando ar y radio	- to listen (listening) to the radio
(yn) edrych ar y teledu	- to look at (looking at) the television
(yn) nofio	- to swim (swimming)

14. We say *canu'r piano* which literally means **'to sing the piano'**. We "sing" musical instruments in Welsh. Also, we **'listen on'** someone or something and we **'look on'** someone or something *(gwrando ar; edrych ar)*.

15. ......like to do

    i. To convey: What do you like to do? we say: *Beth rydych chi'n hoffi ei wneud?* Literally: What you like it made/do? The *ei* is hardly heard and at this stage we won't pursue a detailed explanation of the construction.

    ii. In reply to such a question, a person might want to say: 'I like to swim' or 'I like swimming'. In Welsh, such a sentence would be: *Rydw i'n hoffi nofio.* The *'n* is a shortened form of *yn* which is a link between the verb *rydw i* and the action word *hoffi*. Unlike the other linking *yn* (Note 6) this *yn* which comes before action words, is not followed by a soft mutation. (See Appendix 2.) Another point worth noting is that *hoffi* is not linked by *i* (to) to *nofio*. i.e. *hoffi* is followed directly by another action word.

B. YR IAITH AR WAITH

   i.
   1. Ble mae John? — Where's John?
   2. Ble mae hi? — Where is she?
   3. Mae e yn y tŷ. — He's in the house.
   4. Mae Gwen yn y gwaith. — Gwen is in work.
   5. Mae Siôn yn yr ysgol. — Siôn is in school.
   6. Ble mae eich gwraig? — Where's your wife?
   7. Ble mae'r plant? — Where are the children?
   8. Maen nhw yn yr ysgol. — They are in school.
   9. Mae'r plant yn yr ysgol. — The children are in school.

ii. 1. Beth rydych chi'n hoffi ei wneud?
    (What do you like doing/to do?)

2. Beth mae Dewi'n hoffi ei wneud?
   (What does Dewi like doing?)

3. Beth mae'r plant yn hoffi ei wneud?
   (What do the children like doing?)

4. Beth maen nhw'n hoffi ei wneud?
   (What do they like doing?)

5. Rydw i'n hoffi garddio.
   (I like to garden/gardening.)

6. Mae Mrs. Jones yn hoffi edrych ar y teledu.
   (Mrs. Jones likes to look/looking at (the) television).

7. Mae'r plant yn hoffi chwarae.
   (The children like playing.)

8. Maen nhw'n hoffi canu'r piano.
   (They like playing the piano.)

9. Mae Dewi'n hoffi trwsio'r car.
   (Dewi likes to repair the car.)

C. YMARFERION.

(i) Someone asks: Beth ydy oed Jac?
Reply:
Mae e'n ...... oed. using the information given below:-

1. 2   2. 4   3. 3   4. 10   5. 5

(ii) Use the information below according to the pattern of this example:-
she/7 - Mae hi'n saith oed.

1. I/8   2. We/9   3. Mair/10
4. Gwyn/5   5. them/4

(iii) Llenwch y bylchau. (Fill in the blanks):-

1. Ble ..... eich gwraig?
2. Mae Bryn ..... bedair oed.
3. Mae hi ..... y gwaith.
4. Mae e yn ..... ysgol.
5. Ble ..... nhw?

6. Ble mae ..... plant?
7. Rydw i'n hoffi gwrando .....y radio.
8. Beth ..... chi'n hoffi ..... wneud?

(iv) Cyfieithwch (Translate):-
1. Where are the children?
2. What do they like to do?
3. We like walking.
4. I'm six years of age.
5. What does Dewi like to do?

UNED 3

In this unit we are going to look at things we cannot do or don't do, as well as those things we have done. We shall also learn the days of the week and the years in Welsh.

A. 1. We have already seen the present tense forms of the verb *BOD* (to be) *rydw i, rwyt ti, mae e/hi* etc.
    Here are some negative forms of the same verb.

    RYDW I (I am/I do)   DYDW I DDIM (I am not/I don't)
    RYDYCH CHI (You are/You do)   DYDYCH CHI DDIM (You aren't/You don't)

    The other forms are:-
    DWYT TI DDIM (You aren't)   DYDY E/HI DDIM (He/She isn't)
    DYDYN NI DDIM (We aren't)   DYDYN NHW DDIM (They aren't)

    e.g. Dydw i ddim yn gwau.   - I don't knit.
          Dydyn ni ddim yn golchi heddiw.   - We are not washing today.
          Dydych chi ddim yn hoffi gwaith tŷ.   - You don't like housework.
          Dydy hi ddim yn hoffi coginio.   - She doesn't like cooking.

  2. We have seen the question:-
      Beth rydych chi'n hoffi ei wneud?   - What do you like doing?

      The negative form is:-
      Beth dydych chi ddim yn hoffi ei wneud?   - What don't you like doing?

      Enghreifftiau:-

      Beth dydych chi ddim yn hoffi ei wneud?
      Dydw i ddim yn hoffi smwddio.

      | coginio | - to cook | gwaith tŷ | - housework |
      | edrych (ar) | - to look (at)| teledu | - television |
      | golchi | - to wash | smwddio | - to iron |
      | gwau | - to knit | gwnïo | - to sew |

  3. Here are the Welsh forms of the numerals.
      0 - dim   5 - pump
      1 - un   6 - chwech
      2 - dau   7 - saith
      3 - tri   8 - wyth
      4 - pedwar   9 - naw

Enghreifftiau:-

1901 - Mil naw dim un (or **un** naw dim un)
1743 - Mil saith pedwar tri
1865 - Mil wyth chwech pump
1985 - Mil naw wyth pump

4. **Ers pryd?** means **since when?**
   The word for 'since' is **er** when we refer to a specific date.

   Ers pryd rydych chi'n briod?
   - Since when are you married?
   Rydyn ni'n briod *er* mil naw saith pedwar.
   - We are married since 1974.
   Ers pryd rydych chi'n byw yng Nghaerdydd?
   - Since when are you living in Cardiff?
   Er mil naw pump chwech.
   - Since 1956.

   If the period of time is still continuing we use *ERS*.

   e.g. Mae e yn Aberystwyth **ers** dyddiau.
   - He has been in Aberystwyth for some days.
   Mae e'n briod **ers** mis.
   - He has been married a month.

priod (yn briod)	- married
er/ers	- since
ers pryd?	- since when?

5. **MYND** is the verb 'to go'. It is one of the few irregular verbs in Welsh. Here are two persons.

Fe es i	- I went
Fe aethoch chi	- You went

   In North Wales you will hear *Mi es i*. *Mi/Fe* have no particular meaning but mark the beginning of a positive statement with the conjugated form of the verb. When this form of the verb is preceded by a question word such as *Ble* (Where?), *fe* and *mi* are not used.

   e.g. Ble aethoch chi neithiwr? - Where did you go last night?
   Ble es i? - Where did I go?

6. Here are some places you might visit. The Welsh word for **'to'** is *i* and **'to the'** *i'r*.

   e.g. i'r clwb - to the club
   i'r tafarn/dafarn - to the public house
   i'r dosbarth nos - to the evening class
   i'r sinema - to the cinema

In English we say 'to church' or 'to school' but in Welsh we must say 'to **the** church' or 'to **the** school'.

      i'r eglwys   - to church **or** to the church
      i'r capel   - to chapel **or** to the chapel

7. When we refer to an object owned by someone, that object becomes definite.
   e.g. Tom's house **or** mother's evening class
   The definite article *(y/yr)* isn't then required.

      e.g. tŷ mam   - mother's house
          i dŷ mam   - to mother's house

   i, as you see, causes a soft mutation.

      e.g. Ble aethoch chi neithiwr?   - Where did you go last night?
          Fe es (i) i dŷ mam.   - I went to mother's house.

8. | | | | |
   |---|---|---|---|
   | capel | - a chapel | tafarn | - a pub/inn |
   | clwb | - a club | tŷ | - a house |
   | dosbarth nos | - a night class | ysgol (b) | - a school |
   | eglwys (b) | - a church | i | - to |
   | sinema | - a cinema | neithiwr | - last night |

9. Here are the days of the week and the evenings.

dydd Sul	- Sunday	nos Sul	- Sunday evening
dydd Llun	- Monday	nos Lun	- Monday night
dydd Mawrth	- Tuesday	nos Fawrth	- Tuesday evening
dydd Mercher	- Wednesday	nos Fercher	- Wednesday evening
dydd Iau	- Thursday	nos Iau	- Thursday night
dydd Gwener	- Friday	nos Wener	- Friday night
dydd Sadwrn	- Saturday	nos Sadwrn	- Saturday night

   When used in a sentence *dydd Llun* becomes *ddydd Llun* to convey '**on** Monday'.

      e.g. Fe es i'r ysgol ddydd Llun.   - I went to school on Monday.
          Ble aethoch chi ddydd Sadwrn?   - Where did you go on Saturday?

   You will note that there is no need to say
   Fe es i i'r ysgol. One *i* will suffice.

10. We have seen two forms of the past tense of **MYND** (to go) in this unit:-

       Fe es i   - I went
       Fe aethoch chi - You went

13

Here are the third person forms:-

Fe aeth e	- He went
Fe aeth hi	- She went
Fe aeth mam	- Mother went
Fe aeth y plant	- The children went

    e.g.   Fe aeth e i'r ysgol.   - He went to school.
            Fe aeth Tom i'r capel.   - Tom went to chapel.
            Fe aeth hi i dŷ Mari.   - She went to Mari's house.

11. We use **mynd i** (to go to…do something/somewhere).

    e.g.   Fe **aeth** e **i** siopa.   - He went to shop.
            Fe **aeth** hi **i** weld ffrind.   - She went to see a friend.
            Fe **aeth** Tom **i** chwarae golff. - Tom went to play golf.

chwarae golff	- to play golf
gweld ffrind	- to see a friend
mynd am dro	- to go for a walk
siopa	- to shop

12. Here is the Past/Preterite Tense of **MYND** (to go) in full:-

    Sing. 1. Fe es i   - I went
              2. Fe est ti   - You went
              3. Fe aeth e/hi/Tom   - He/She/Tom went

    Plu.   1. Fe aethon ni   - We went
              2. Fe aethoch chi   - You went
              3. Fe aethon nhw - They went

B. YR IAITH AR WAITH

Siân:	Beth rydych chi'n hoffi (ei) wneud?
Carol:	Rydw i'n hoffi canu'r piano. A beth rydych chi'n hoffi ei wneud?
Siân:	Rydw i'n hoffi coginio.
Carol:	Beth dydych chi ddim yn hoffi ei wneud?
Siân:	Dydw i ddim yn hoffi smwddio a dydw i ddim yn hoffi edrych ar y teledu. Carol, ers pryd rydych chi'n briod?
Carol:	Rydw i'n briod er 1976. Ers pryd rydych chi'n byw yng Nghaerdydd?
Siân:	Rydw i'n byw yng Nghaerdydd er 1974. Ers pryd mae Dewi'n gweithio yn yr opera?
Carol:	Mae e'n gweithio yn yr opera er 1973.

Siân: Ble aethoch chi neithiwr?
Carol: Fe es i'r sinema. Ble aethoch chi nos Sadwrn?
Siân: Fe es i'r clwb. Ble aeth Dewi?
Carol: Fe aeth e i'r gwaith nos Sadwrn. Fe es i a Dewi am dro yn y bore.

C. YMARFERION

(i) Ailysgrifennwch yn y negyddol (Rewrite in the negative):-

1. Rydw i'n byw yng Nghaerdydd.
2. Rydych chi'n hoffi siopa.
3. Rydw i'n chwarae golff.
4. Rydych chi'n hoffi coginio.
5. Rydw i'n edrych ar y teledu nos Wener.

(ii) Atebwch (Answer):-

1. Beth rydych chi'n hoffi ei wneud?
2. Ers pryd rydych chi'n byw yn X? (e.g. Aberaeron, Llanelli)
3. Ers pryd mae Jac yn Aberystwyth?
4. Ble aethoch chi neithiwr?
5. Ble aeth X ddydd Sadwrn?
6. Ble aeth eich ffrind?
7. Beth dydych chi ddim yn hoffi ei wneud?
8. Ers pryd rydych chi'n byw yng Nghymru?

(iii) Cyfieithwch (Translate):-

1. I don't live in Cardiff.
2. You don't like playing golf.
3. Since when are you married?
4. He has lived (he lives) in Aberystwyth since 1945.
5. Where did you go to school?
6. I went to the evening class on Thursday night.
7. She went to mother's house.
8. The children went to the cinema.
9. We are going to play golf.
10. He went to see a friend on Friday.

UNED 4

This unit deals with *gwyliau* (holidays).

A. 1. **FE/MI AETHON NI** - We went

i('r)	- to (the)	ar	- on
trên	- train	(y) bws	-(the) bus

   e.g. Fe aethon ni i Gaerdydd. - We went to Cardiff.
   Fe aethon ni ar y bws. - We went on the bus.
   Notice:- **i** (to) like **o** (from) causes a Soft Mutation.

   2. **FE/MI AETHOCH CHI** - You went

   yn (y) - in (the), by (+ vehicle).

   e.g. Fe aethoch chi i Lundain yn y car.
   - You went to London in the car/by car.

   3. **FE/MI AETHON NHW** - They went

mewn	- in a
i mewn i('r)	- into (the)
carafan (b)	- caravan

   e.g. Fe aethon nhw mewn carafan. - They went in a caravan.

   4. Form *Ble?* (Where?) and *Sut?* (How?) questions by placing these words instead of '*Fe/Mi*'.

   e.g. Ble aethoch chi? - Where did you go?
   Sut aethon nhw? - Where did they go?

   5. | ar eich gwyliau | - on your holiday |
   |---|---|
   | ar ein gwyliau | - on our holiday |
   | eleni | - this year |
   | y llynedd | - last year |

   e.g. Ble aethoch chi ar eich - Where did you go on (your) holiday this year?
   gwyliau eleni?

   6. Negatives:—

Fe es i	- I went
Es i ddim	- I didn't go
Mi aethon ni	- We went
Aethon ni ddim	- We didn't go

   e.g. Aethon ni ddim ar y bws. - We didn't go on the bus.

7. **FE/MI ARHOSOCH CHI**   - you stayed
   FE/MI ARHOSON NI   - we stayed

   bwthyn - cottage
   fflat - flat
   gwesty - hotel

   e.g. Ble arhosoch chi?   - Where did you stay?
        Fe arhoson ni mewn bwthyn.   - We stayed in a cottage.

8. diflas (yn ddiflas) - miserable
   sych (yn sych) - dry
   poeth (yn boeth) - hot (N.W.)
   twym (yn dwym) - hot (S.W.)
   oer (yn oer) - cold
   gwlyb (yn wlyb) - wet
   tywydd - weather
   heddiw - today

   Notice:— We use *yn* in front of adjectives in a sentence and this *yn* causes a Soft Mutation.

   e.g. Sut mae'r tywydd heddiw?   - How is the weather today?
        Mae hi'n *b*oeth.   - It is hot.

   Notice:— There is no Welsh word for 'it'. We use **'mae hi'** to refer to the weather.

   e.g. Sut roedd y tywydd?   - How was the weather?
        Roedd hi'n boeth.   - It was hot.

9. Beth? - What?
   mynd (yn mynd) - to go (going)
   aros (yn aros) - to stay (staying)
   cerdded (yn cerdded) - to walk (walking)
   bwyta (yn bwyta) - to eat (eating)
   chwarae (yn chwarae) - to play (playing)
   gwneud (yn gwneud) - to do/make (doing/making)
   nofio (yn nofio) - to swim (swimming)
   yfed (yn yfed) - to drink (drinking)
   darllen (yn darllen) - to read (reading)
   eistedd (yn eistedd) - to sit (sitting)
   gorwedd (yn gorwedd) - to lie down (lying down)

   The verb *gwneud* (to do/make) is irregular. The 2nd person singular or plural of the Preterite Tense is *Mi/Fe wnaethoch chi* - you did/made.

It is often used in the following question:—
Beth wnaethoch chi? - What did you do?

Learn also this question:—
Ble arhosoch chi? - Where did you stay?

To form the 1st person **singular**, Preterite Tense of Regular Verbs, add ....*ais* to the stem.

e.g. nofio (nofi-)   - Mi /Fe nofiais i   - I swam
      cerdded (cerdd-)   - Mi/fe gerddais i   - I walked
      bwyta (bwyt-)   - Mi/Fe fwytais i   - I ate
      yfed (yf-)   - Mi/Fe yfais i   - I drank
      aros (arhos-)   - Mi/Fe arhosais i   - I stayed

To form the 1st person **plural**, Preterite Tense of Regular Verbs, add ...*on* to the stem.

e.g. darllen (darllen-)   -Mi/Fe ddarllenon ni   - We read
      chwarae (chwarae-)   -Mi/Fe chwaraeon ni   - We played
      eistedd (eistedd-)   -Mi/Fe eisteddon ni   - We sat
      gorwedd (gorwedd-)   -Mi/Fe orweddon ni   - We lay down

Notice:— 1. The word *Fe* (*Mi* in N.W.) has no direct translation but it causes a Soft Mutation.
2. The stem of the verb is usually the verb-noun minus the final syllable, but sometimes the whole verb-noun is used as a stem (e.g. *darllen*, *eistedd*)

yn y môr   - in the sea
ar y traeth   - on the beach
yn yr haul   - in the sun
yn y wlad   - in the country

e.g. Fe gerddais i yn y wlad.   - I walked in the country.
      Fe orweddon ni yn yr haul.   - We lay in the sun.

10. Sut roedd y môr?   - How was the sea?
    Roedd e(o)'n oer!   - It was cold. (*môr* is Masculine)

B. **YR IAITH AR WAITH**

Ann: Noswaith dda, Carol. Sut rydych chi?
Carol: Da iawn, diolch.
Ann: Ble aethoch chi ar eich gwyliau eleni?

Carol:	Fe aethon ni i Landudno.
Ann:	Sut aethoch chi?
Carol:	Fe aethon ni ar y trên.
Ann:	Ble arhosoch chi?
Carol:	Fe arhoson ni mewn gwesty.
Ann:	Sut roedd y tywydd yn Llandudno?
Carol:	Roedd hi'n braf ac yn sych.
Ann:	Beth wnaethoch chi ar eich gwyliau?
Carol:	Fe nofion ni yn y môr ac fe orweddon ni ar y traeth yn yr haul.
Ann:	Sut roedd y môr?
Carol:	Roedd e'n oer! Ble aethoch chi ar eich gwyliau, Ann?
Ann:	Fe es i i Aberaeron, ond es i ddim i mewn i'r môr!
Carol:	Beth wnaethoch chi?
Ann:	Fe gerddais i yn y wlad, fe ddarllenais i ac fe fwytais i!

C. YMARFERION

(i) Llenwch y bylchau, gan ddefnyddio Amser Gorffennol *'mynd'*. (Fill in the blanks, using the Preterite Tense of *mynd*.):—

1. Fe ………. nhw i Lundain y llynedd.
2. Fe ………. Carol i Lundain.
3. ……….i ddim i mewn i'r môr.
4. Fe aethon ………. i Fangor ar ein gwyliau.
5. ………. chi ddim ar eich gwyliau eleni.

(ii) Newidiwch y canlynol i'r person cyntaf lluosog. (Change the following to the 1st person plural.):—
e.g. Fe eisteddais i - Fe eisteddon ni

1. Mi ddarllenais i.
2. Mi gerddais i.
3. Fe yfais i.
4. Fe arhosais i.
5. Fe fwytais i.

(iii) Trowch y canlynol i'r Amser Amherffaith. (Turn the following sentences into the Past Imperfect Tense):—

1. Mae hi'n braf.
2. Mae hi'n boeth.
3. Mae'r môr yn oer.
4. Mae hi'n sych eleni.
5. Mae hi'n ddiflas.
6. Sut mae'r tywydd.

(iv) Cyfieithwch (Translate):—
1. We stayed in the hotel.
2. How did you go?
3. What did you do in Aberystwyth last year?
4. I didn't go to Llandudno.
5. We walked in the sun in the country.

UNED 5

This unit deals with time, especially on the hour, and at what time we do certain things.

A. 1.
am	- at
cael	- to get, to have, to receive
codi	- to get up
dod	- to come
mynd	- to go
i'r gwaith	- to (the place of) work
o'r gwaith	- from (the place of) work
yr ysgol	- the school
y gwely	- the bed
pryd?	- when?

2. Learn these:-

brecwast	- breakfast
cinio	- lunch/dinner
coffi	- coffee
te	- tea
swper	- supper

3. Just as we say : in the **the** school rather than : 'in school' (*yn yr ysgol*), so we also say in Welsh:-

    i'r gwely   (to **the** bed)
    o'r gwely   (from **the** bed)

4. **Mae** follows **Pryd?** to ask: When is ...?

    e.g. Pryd mae John yn mynd i'r gwaith?
    - When is/does John go to work?
    Pryd mae hi'n mynd i'r ysgol?
    - When does she to to school?
    Pryd mae'r plant yn dod o'r ysgol?
    - When do the children come from school?

    Pryd can be followed by the other forms of *BOD* (**to be**).

    e.g. Pryd maen nhw....?   - When are they....?
    Pryd rydych chi'n codi?   - When do you get up?

5. To answer such questions we want to say that we do something:
    at one o'clock, etc.
    The Welsh word for 'at' (followed by the time element) is *am* and this word is followed by a Soft Mutation.
    o'clock in Welsh is *o'r gloch* (literally, *of the bell*), so remember the 'r.

e.g. am un o'r gloch
am chwech o'r gloch
am naw o'r gloch

Pay particular attention to the following times:-

am ddau o'r gloch
am dri o'r gloch
am bedwar o'r gloch
am bump o'r gloch
am ddeg o'r gloch
am un ar ddeg o'r gloch (at 11 o'clock)
am ddeuddeg o'r gloch (at 12 o'clock)

As you can see, the traditional forms of *un ar ddeg* (11) and *deuddeg* (12) are used when we discuss time (not *un deg un* and *un deg dau*).

6. People ask: What's the time? In Welsh this is: *Faint o'r gloch ydy hi?* Literally it means: How much of the bell is it? Note the word *hi*; the concept of time in Welsh is feminine.

The reply can vary. It can be: *Mae hi'n un o'r gloch.* - It's one o'clock; or the word *hi* can be omitted. So:- *Mae'n un o'r gloch.*
Of course, you will have noticed the linking *yn* o'r *'n* connecting the verb *mae* with the number. Remember the Soft Mutation that follows *yn* or *'n*.

e.g. Mae'n ddau o'r gloch.
Mae'n dri o'r gloch.
Mae'n bedwar o'r gloch.

Peculiarly enough, although the concept of time is feminine (i.e. *hi*) the masculine form of the numbers are used.

B. YR IAITH AR WAITH

1. Pryd rydych chi'n dod?
Rydyn ni'n dod am ddau o'r gloch.

2. Pryd rydych chi'n cael cinio?
Rydw i'n cael cinio am un o'r gloch.

3. Pryd mae'r plant yn dod o'r ysgol?
Maen nhw'n dod o'r ysgol am bedwar o'r gloch.

4. Pryd mae Dewi'n mynd i'r gwaith?
Mae Dewi'n/e'n mynd i'r gwaith am wyth o'r gloch.

5. Pryd mae coffi?
Mae coffi am un ar ddeg o'r gloch.

6. Pryd mae swper?
   Mae swper am saith o'r gloch.

7. Faint o'r gloch ydy hi?
   Mae hi'n naw o'r gloch.

8. Faint o'r gloch ydy hi?
   Mae'n chwech o'r gloch.

C. YMARFERION

(i) Using *Maen nhw* (They are) say that **they** are going **to** the following places:-

1. to school
2. to work
3. to bed
4. to the office
5. to the house

(ii) Using *Rydyn ni* (We are) say that we come **from** the places noted at the times shown:-

1. work/5
2. school/4
3. the office/6

(iii) Use the question word *Pryd?* followed by the correct *Bod* form and follow the pattern of this example:-
nhw/mynd/ysgol - Pryd maen nhw'n mynd i'r ysgol?

1. ti/dod/ysgol
2. chi/mynd/gwely
3. chi/codi
4. nhw/dod/gwaith
5. Dafydd/mynd/ysgol
6. te
7. cinio

(iv) Llenwch y bylchau:-

1. Pryd ..... ti'n codi?
2. ..... hi'n mynd ..... gwely am saith ..... gloch.
3. ..... ni'n mynd am un ..... ddeg ..... gloch.
4. ..... o'r gloch ..... hi?
5. Mae' ..... wyth o'r ......

UNED 6

We are going to look at time and start learning the question forms of **BOD** (to be).

A. 1. (a) Half past the hour is expressed in Welsh by **HANNER AWR WEDI**.

        e.g. Mae hi'n hanner awr wedi un.   - It's half past one.
            Mae hi'n hanner awr wedi deg.   - It's half past ten.
            Mae hi'n hanner awr wedi deuddeg.   - It's half past twelve.

    (b) **AM HANNER AWR WEDI TRI** (at half past three)

        e.g. Pryd aethoch chi i'r gwely neithiwr?
            - When did you go to bed last night?
            Fe es i am hanner awr wedi deg.
            - I went at 10.30.
            Pryd aeth y plant i'r gwely?
            - When did the children go to bed?
            Fe aethon nhw am hanner awr wedi saith.
            - They went at 7.30.
            Ble aethoch chi am hanner awr wedi dau?
            - Where did you go at 2.30?
            Fe aethon ni i Gaerdydd.
            - We went to Cardiff.

    (c) You will have noticed from the examples in (a) above that *wedi* doesn't cause any mutation to the following word:-
        Mae hi'n hanner awr wedi tri.   - It's 3.30.

2. **AM** (at); **TUA** (about).
We have seen that *am* (at) causes a Soft Mutation:-

Mae e'n mynd am dri o'r gloch.   - He is going at 3 o'clock.

Tua (about) on the other hand causes an Aspirate Mutation,

i.e. C>CH; P>PH; T>TH. In front of vowels the form used is *tuag*.

    e.g. tua **ph**ump o'r gloch   - about 5 o'clock
         tua **th**ri o'r gloch   - about 3 o'clock
         tuag wyth o'r gloch   - about 8 o'clock
         Rydw i'n gadael y tŷ tua **th**ri o'r gloch. - I leave the house about 3 o'clock.
         Fe aeth hi tua **ph**ump o'r gloch.   - She went about 5 o'clock.

3. **AM CHWARTER WEDI UN** (at 1.15)
   TUA CHWARTER WEDI UN (about 1.15)

   e.g. Mae Dewi'n cyrraedd y tŷ am chwarter wedi pump.
   - Dewi arrives at the house at 5.15.
   Mae hi'n mynd am chwarter wedi pedwar.
   - She is going at 4.15.

4. **CHWARTER I DDAU** (a quarter to two)
   We have seen that *i* (to) causes a Soft Mutation:-

   e.g. i **d**ŷ Mam   - to Mother's house

   This is true of the time also.

   e.g. chwarter i **b**edwar   - 3.45
   chwarter i **dd**euddeg - 11.45
   chwarter i **dd**eg   - 9.45

codi	-to get up
cyrraedd	-to arrive
gadael	-to leave/to take leave
am	-at
tua	-about
chwarter i/wedi	-a quarter to/past
hanner awr wedi	-half past

5. **EISIAU** (to want)

   We have seen in sentences like:-
   Mae hi'n coginio.   - She is cooking.

   Note: that the verb-noun (*coginio*) is linked to *bod* by the connecting *yn*.

   This happens with every verb **except** *eisiau*.

   e.g. Maen nhw eisiau codi.
   - They want to get up.
   Mae e eisiau gwaith cartref.
   - He wants homework.
   Beth maen nhw eisiau ei wneud?
   - What do they want to do?
   Pryd rydych chi eisiau mynd ma's?
   - When do you want to go out?
   Rydw i eisiau mynd ma's am chwarter wedi saith.
   - I want to go out at 7.15.
   Beth mae'r plant eisiau ei wneud heno?
   - What do the children want to do tonight?

Maen nhw eisiau chwarae.
- They want to play.
Ble mae e eisiau byw?
- Where does he want to live?
Mae e eisiau byw yng Nghymru.
- He wants to live in Wales.

chwarae	- to play	siopa	- to shop
eisiau	- to want	ymarfer	- to practise
gweld	- to see	ysgrifennu	- to write
gwrando (ar)	- to listen (to)	gwaith cartref	- homework
mynd allan (ma's)	- to go out	llythyr	- a letter

6. The question form of RYDYCH CHI (you are) is YDYCH CHI? - Are you?
   The answer is either YDW or NAC YDW (No).

   e.g.   Ydych chi'n byw yng Nghymru?   - Do you live in Wales?
          Ydw, rydw i'n byw yng Nghaerdydd.   - Yes, I live in Cardiff.
          Ydych chi'n mynd allan heno?   - Are you going out tonight?
          Nac ydw, rydw i'n aros yn y tŷ.   - No, I'm staying in the house.
          Ydych chi'n mynd i rywle?   - Are you going somewhere?
          Ydw, rydw i'n mynd i Aberystwyth.   - Yes, I'm going to Aberystwyth.

heddiw	- today
y bore 'ma	- this morning
y prynhawn 'ma	- this afternoon
heno	- tonight
yfory	- tomorrow
bore yfory	- tomorrow morning
prynhawn yfory	- tomorrow afternoon
nos yfory	- tomorrow night

B. YR IAITH AR WAITH

Carol: Pryd rydych chi'n codi?
Cennard: Rydw i'n codi am saith o'r gloch. Pryd mae Dewi'n codi?
Carol: Mae e'n codi tuag wyth o'r gloch. Mae e'n gadael y tŷ tua hanner awr wedi wyth.
Cennard: Pryd mae'r plant yn mynd i'r ysgol?
Carol: Maen nhw'n mynd ar y bws am chwarter i naw ond weithiau (*sometimes*) maen nhw eisiau cerdded.
Cennard: Beth mae'r plant yn ei wneud heno?
Carol: Maen nhw eisiau chwarae.

Cennard: Ydych chi'n mynd ma's nos yfory?
Carol: Nac ydw. Rydw i eisiau gwrando ar y radio ac rydw i eisiau sgrifennu llythyron. Ydych chi'n mynd i rywle?
Cennard: Ydw, nos yfory rydw i'n mynd i'r clwb.

C. **YMARFERION**

(i) Ysgrifennwch yn Gymraeg (Write in Welsh):-

1. 1.30
2. 4.15
3. 11.45
4. 2.45
5. 7.15
6. 10.30
7. 3.45
8. about 5 o'clock
9. at 2 o'clock
10. about 3 o'clock
11. at 11.45

(ii) Atebwch:-

1. Pryd rydych chi'n codi yn y bore?
2. Pryd rydych chi'n cael brecwast?
3. Pryd rydych chi'n gadael y tŷ?
4. Pryd rydych chi'n cyrraedd y gwaith?
5. Pryd rydych chi'n cael coffi?
6. Pryd rydych chi'n cael cinio?
7. Pryd rydych chi'n gadael y gwaith?
8. Pryd rydych chi'n cael te?
9. Pryd mae ffilm ar y teledu?
10. Pryd rydych chi'n mynd i'r gwely yn y nos?

(iii) Ysgrifennwch frawddegau'n cynnwys yr ymadroddion a ganlyn:-
(Write sentences containing the following expressions):-

1. bore yfory
2. heno
3. nos yfory
4. y prynhawn 'ma
5. yfory
6. y bore 'ma

(iv) Dyma atebion i gwestiynau. Ysgrifennwch y cwestiynau.
(Here are answers to questions. Write the questions.):-
1. Tua phump o'r gloch.
2. Ydw, rydw i eisiau dod.
3. Am chwarter i saith.
4. Nac ydw, rydw i'n mynd yfory.
5. Ydw, nos Lun.
6. Fe es i am un ar ddeg o'r gloch.
7. Fe aethon ni tua hanner awr wedi naw.
8. Ydw, rydw i'n mynd i Aberaeron.

UNED 7

In this unit we are going to learn the names of some simple foods and discuss the various meals.

A. 1. brecwast — breakfast
        cig moch — bacon
        sirial — cereal
        coffi — coffee
        eisiau — to want
        hoffi — to like
        os gwelwch chi'n dda — (if you) please
        i frecwast — for breakfast
        ŵy — egg
        tost — toast
        te — tea

    e.g. Beth rydych chi (ei) eisiau i frecwast?
    - What do you want for breakfast?
    Rydw i eisiau cig moch ac ŵy, os gwelwch chi'n dda.
    - I want bacon and egg, please.

    Notice:- *Eisiau* is an exception to the rule - it has no *yn ('n)* in front of it.

    e.g. Beth rydych chi'n (ei) hoffi i frecwast? - What do you like for breakfast?
         Rydw i'n hoffi tost.   - I like toast.

 2. Ydych chi'n hoffi cig moch?   - Do you like bacon?
    Ydych chi eisiau te?   - Do you want tea?
    c.f. Ydych chi'n briod?
         Ydych chi'n byw yng Nghaerdydd?

    Ydw (os gwelwch chi'n dda)   - Yes (I do) (please)
    Nac ydw (Dim diolch)   - No (I don't)! (No thanks)
    Diolch yn fawr (iawn)   - Thank you very much
    bwyta   - to eat
    cael   - to have

 3. Ydy Dewi'n hoffi tost?   - Does Dewi like toast?
    Ydy e eisiau coffi?   - Does he want coffee?
    Ydy e'n bwyta sirial?   - Does he eat cereal?
    Ydy.   - Yes (he does/she does).
    Nac ydy.   - No (he doesn't/she doesn't).

4. | cinio | - dinner/lunch | i ginio | - for dinner/for lunch |
    |--------------|------------------|------------|------------------------|
    | sglodion | - chips | cig | - meat |
    | pwdin | - pudding | ffrwythau | - fruit |
    | brechdan | - sandwich | mynd â | - to take |
    | ambell waith | - occasionally | weithiau | - sometimes |

    e.g. Ydych chi'n cael sglodion i ginio?
    - Do you have chips for dinner?
    Nac ydw.
    - No (I don't).
    Ydy Siân yn mynd â brechdanau i'r gwaith?
    - Does Siân take sandwiches to work?
    Ydy.
    - Yes (she does).

5. Ydyn nhw'n hoffi sglodion?   - Do they like chips?
    Ydyn.   - Yes (they do).
    Nac ydyn.   - No (they don't).

    e.g. Ydy eich plant yn hoffi pwdin?   - Do your children like pudding?
         Ydyn.   - Yes (they do).

    Notice:- Although the noun *plant* is plural, the 3rd person singular of the verb *ydy* is used in the question.

    Ydy eich plant yn cael cinio ysgol?
    - Do your children have school dinner?
    Nac ydyn.
    - No (they don't).
    Ydyn nhw'n cael brecwast am wyth o'r gloch?
    - Do they have breakfast at eight o'clock?
    Ydyn.
    - Yes (they do).

6. | te | - tea |
    |-------------|---------------------|
    | teisen (b) | - cake |
    | tarten (b) | - tart |
    | bara menyn | - bread and butter |
    | swper | - supper |
    | i de | - for tea |
    | cacen (b) | -cake |
    | bisgedi | - biscuits |
    | diod oren | - orange drink |

e.g. Ydych chi'n cael teisen i de Carol?
- Do you have cake for tea Carol?
Ydw.
- Yes (I do).
Ydy Dewi'n hoffi bara menyn i de?
- Does Dewi like bread and butter for tea?
Nac ydy.
- No (he doesn't).
Ydy'r merched yn hoffi bisgedi?
- Do the girls like biscuits?
Ydyn.
- Yes (they do).

7. Full replies:-

e.g. Ydych chi'n hoffi cig moch?   - Do you like bacon?
Ydw, rydw i'n hoffi cig moch.   - Yes, I like bacon.
Nac ydw, dydw i ddim yn hoffi cig moch. - No, I don't like bacon.

B. YR IAITH AR WAITH

Ann: P'nawn da Carol. Sut rydych chi?
Carol: Da iawn, diolch. A chi?
Ann: Eitha' da. Carol, beth rydych chi'n ei hoffi i frecwast?
Carol: Rydw i'n hoffi sirial, cig moch ac ŵy.
Ann: Ydych chi'n cael coffi i frecwast?
Carol: Nac ydw, dydw i ddim yn cael coffi. Rydw i'n cael te.
Ann: Ydy Dewi'n mynd â brechdanau i'r gwaith?
Carol: Ydy, ambell waith. Ydych chi'n mynd â brechdanau i'r gwaith, Ann?
Ann: Nac ydw. Dydw i ddim yn mynd â brechdanau i'r gwaith. Rydw i'n cael ffrwythau i ginio. Ydy eich plant yn cael cinio ysgol?
Carol: Ydyn. Maen nhw'n hoffi cinio ysgol. Maen nhw'n hoffi sglodion a phwdin!
Ann: Beth rydych chi'n ei gael i de yn eich tŷ chi?
Carol: Rydyn ni'n cael bara menyn, tarten a theisen. Mae Dewi a fi yn yfed te ac mae'r plant yn cael diod oren.

C. YMARFERION

(i) Dodwch y geiriau canlynol ar ôl 'i'.
    (Place the following words after *i* (for)):-

    1. brecwast
    2. te

3. swper
4. cinio

(ii) Cyfieithwch:-
1. What do you want for breakfast?
2. What do you drink for tea?
3. What do you like for dinner?
4. What do you eat for supper?
5. What do you have for dinner?

(iii) Atebwch yn y cadarnhaol gydag un/dau air.-
(Reply in the affirmative - giving one/two word answers.):-
1. Ydych chi'n hoffi cig moch?
2. Ydy Dewi'n cael cinio yn y gwaith?
3. Ydy'r plant yn yfed diod oren i de?
4. Ydyn nhw'n mynd â brechdanau i'r ysgol?
5. Ydw i'n cael cinio gyda chi heddiw?

UNED 8

In this unit you'll be learning how to (i) ask some questions (ii) convey some negative statements, using the present tense of *BOD*.

A. 1.
cawl	- soup/broth	sosej/selsig	- sausage
caws	- cheese	fel arfer	- usually
cig	- meat	ar y trên	- on the train
llysiau	- vegetables	ar y bws	- on the bus
tatws	- potatoes	ond	- but

2. Learn these negative forms:—

   1. Dydw i ddim   -I'm not/I don't
   2. Dwyt ti ddim   -You're not/You don't
   3. Dydy Mair ddim   -Mair isn't/Mair doesn't
      Dydy hi/e ddim   -She/He isn't/doesn't
      Dydy'r plant ddim   -The children aren't/the children don't

   1. Dydyn ni ddim   -We aren't/we don't
   2. Dydych chi ddim   -You're not/you don't
   3. Dydyn nhw ddim   -They're not/they don't

   You will recall that you *don't* say:
   Dydyn plant ddim ....   but rather:
   Dydy'r plant ddim....

3. You're used to questions like:—
   Beth mae Dewi'n hoffi ei wneud? - What does Dewi like to do?
   Beth rydych chi'n hoffi ei wneud? - What do you like to do?

   Change the above question to:—
   'What do *you* like?' and in Welsh that would be:—
   Beth rydych chi'n ei hoffi?

4. Let's change the verbs into the negative:—
   Beth dydych chi ddim yn ei hoffi?   - What don't you like?
   Beth dydy hi ddim yn ei hoffi?   - What doesn't she like?
   Beth dydyn nhw ddim yn ei hoffi?   - What don't they like?

5. In actual fact, you can place any action word (like *bwyta, canu, chwarae, ysgrifennu*) after the word *ei* and it causes a Soft Mutation.

Here are some examples:—
Beth maen nhw'n ei ysgrifennu?
- What are they writing?
Beth rydych chi'n ei gael i frecwast/ginio/de/swper?
- What do you have for breakfast/lunch/tea/supper?
Beth dydych ddim yn ei fwyta?
- What don't you eat?
Beth rwyt ti'n ei gael i ginio fel arfer?
- What do you have for lunch usually?

6. In English there is only one form for *you* now, but Welsh, like French and Spanish, has two *YOU* forms: *CHI* and *TI*. *Ti* is a more friendly form used generally speaking, when parents address children, when friends speak to each other, and when people talk to pets. Note all the various forms of *Ti* that you should know by now:

Rwyt ti'n hoffi cawl fel arfer.   - You like soup usually.
Wyt ti eisiau cig?   - Do you want meat?
Dwyt ti ddim fel arfer yn bwyta selsig.   - You don't usually eat sausage.

B. YR IAITH AR WAITH

1. Ydych chi'n hoffi selsig?
   Nac ydw, dydw i ddim yn hoffi selsig ond rydw i'n hoffi cig.

2. Dydw i ddim yn bwyta brecwast fel arfer ond rydw i'n bwyta cinio.

3. Beth rydych chi'n ei gael i ginio?
   Dydw i ddim yn cael cinio fel arfer.

4. Beth mae'r plant yn ei fwyta i de?
   Fel arfer, dydyn nhw ddim yn bwyta te.

5. Dydw i ddim yn hoffi cig. Oes caws 'da chi?

6. Beth dwyt ti ddim yn ei hoffi?
   Dydw i ddim yn hoffi llysiau.

7. Ydy'r plant yn mynd â brechdanau i'r ysgol?
   Nac ydyn, maen nhw'n cael cinio yn yr ysgol.

C. YMARFERION

(i) Newidiwch y brawddegau canlynol i'r negyddol.
   (Change the following sentences into the negative):—

1. Rydw i'n hoffi cawl.
2. Maen nhw eisiau selsig i frecwast.
3. Mae e'n mynd i'r gwaith ar y trên.
4. Rydyn ni'n cael cinio am un o'r gloch.
5. Mae'r plant yn mynd i'r ysgol ar y bws.
6. Beth rwyt ti'n ei hoffi?

(ii) Llenwch y bylchau:—

1. Beth dydych ………. ………. yn ei hoffi?
2. ………. ni ddim eisiau cinio.
3. ……….'r plant ddim ………. hoffi cawl.
4. ………. ti'n dod?
5. Beth ………. ti'n ………. gael ………. frecwast ………. arfer.

(iii) Ffurfiwch eiriau o'r llythrennau canlynol:—
(Rearrange the letters in these jumbled up words to form words you know):—

1. illasyu
2. wacs
3. alwc
4. dnlisogo
5. hfarfuwty

CRYNODEB O RAMADEG UNEDAU 1-8
SUMMARY OF GRAMMAR UNITS 1-8

1. **Present Tense of "bod" (to be)**

   Affirmative **Negative**

   Singular

1.	Rydw i	- I am/I do	1. Dydw i ddim	- I'm not
2.	Rwyt ti	- You are	2. Dwyt ti ddim	- You're not
	Rydych chi		Dydych chi ddim	
3.	Mae e/hi	- He/she is	3. Dydy e/hi ddim	- He/she isn't
	Mae John	- John is	Dydy John ddim	- John isn't
	Mae'r plant	- The children are	Dydy'r plant ddim	- the children aren't

   Plural

1.	Rydyn ni	- We are	1. Dydyn ni ddim	- We're not
2.	Rydych chi	- You are	2. Dydych chi ddim	- You're not
3.	Maen nhw	- They are	3. Dydyn nhw ddim	- They're not

   Question **Answer**

   Singular

1.	Ydw i?	- Am I/do I?	- Ydych/wyt
2.	Wyt ti?	- Are you?	- Ydw
	Ydych chi?		- Ydw
3.	Ydy e/hi/John	- Is he/she/John?	- Ydy
	Ydy'r plant?	- Are the children?	- Ydyn

   Plural

1.	Ydyn ni?	- Are we?	- Ydyn/Ydych
2.	Ydych chi?	- Are you?	- Ydyn
3.	Ydyn nhw?	- Are they?	- Ydyn

   (NO = Nac ydw/Nac ydy etc.)

   Notice:-

   (i) The Present Tense in English has 3 forms.
   I live/I do live/I am living.
   These 3 translate as "Rydw i'n byw".

(ii) *Yn* (abbreviated to *'n* after a vowel) must be used in front of the infinitive (all verbs except *eisiau*).

      e.g. Rydw i'**n** byw yng Nghaerdydd.

2. **Past Imperfect Tense of the verb 'bod' (to be)**

    3rd person singular   - Roedd (was)

    e.g. Mae hi'n oer   - It is cold
          Roedd hi'n oer   - It was cold

Notice:-

There is no Welsh word for 'it'. We use either the masculine *e (o* in N.W.) or the feminine *hi*.

3. **Past Preterite Tense**

(a) **All Regular Verbs:-**

1st Person singular   - add -*ais* to stem of verb
        e.g. nofio (nofi-) - Fe/mi nofiais i (I swam)
1st person plural   - add -*on* to stem of verb
        e.g. yfed (yf-) - Fe/me yfon ni (we drank)

(b) **Irregular Verb 'mynd' (to go)**

Affirmative

Singular

1. Mi/fe es i   - I went
2. Mi/fe est ti   - You went
   Mi/Fe aethoch chi   - You went
3. Mi/Fe aeth e/hi   - He/she went
   Mi/fe aeth y plant   - The children went

Plural

1. Mi/fe aethon ni   - We went
2. Mi/fe aethoch chi   - You went
3. Mi/fe aethon nhw   - They went

Negative

Singular

1. Es i ddim   - I didn't go
2. Est ti ddim   - You didn't go
   Aethoch chi ddim   - You didn't go

3. Aeth e/hi ddim   - He/she didn't go
   Aeth y plant ddim - The children didn't go

Plural

1. Aethon ni ddim   - We didn't go
2. Aethoch chi ddim - You didn't go
3. Aethon nhw ddim - They didn't go

   Notice:-

   '*Fe*' ('*Mi*' in N.W.) may be used in front of the verb in the Preterite Tense. This word has no meaning but it does cause a Soft Mutation.

   (c) **Irregular Verb ; 'gwneud' (to do/make)**
   2nd person - Fe/mi wnaethoch chi (You did/made)

4. **Forming questions:-**

   You can form questions using *Pwy* (who) *Ble* (where), *Sut* (how), *Beth* (what), *Ers pryd* (since when), *O ble* (from where) and *Pryd* (when) with any tense of the verb.

   e.g.   Ble maen nhw'n byw?   - Where are they living/do they live?
          Sut roedd y tywydd?   - How was the weather?
          Beth wnaethoch chi?   - What did you do?
          Pryd aethon nhw?   - When did they go?

   Notice:-

   These interrogatives take the place of *MI/FE* in the Preterite Tense.

5. **The Possessive**   **- I have (got) etc.**

   I have a daughter.   - Mae merch 'da fi (gen i).
   I have a piano.   - Mae piano 'da fi (gen i).
   Do you have a daughter?   - Oes merch 'da chi? (gennych chi)
   Do you have a piano?   - Oes piano 'da chi? (gennych chi)

   Oes plant 'da chi (gennych chi)?   - Oes (yes)
                                       - Nac oes (no)

6. **Notice the Soft Mutation after:-**

   O (from); *un* (one + singular feminine noun); *dau/dwy* (two); *yn* (before adjectives/ numbers etc); *y* (the + singular feminine now); *mi/fe* (+ perfect tense verb); *i* (to/for); *am* (at + time); *ei* (used in front of verb in a *Beth* question).

UNED 9

In this unit we are going to learn to speak about the family.

A. 1. You can already say:-
    Mae car 'da fi (gen i).   - I have a car. (N.W.)
    Oes car 'da chi? (gynnoch chi) - Do you have a car? (N.W.)

    Given the following vocabulary:—
brawd	- brother	plant	- children
chwaer (b)	- sister	rhieni	- parents
mam (b)	- mother	tad	- father

    You can now say:—
    Mae brawd/chwaer 'da chi.   - You have a brother/sister.
    Oes brawd/chwaer 'da chi?   - Do you have a brother/sister?

2. **YN FYW** means **alive** (cf. *yn briod*—married)
    Don't confuse this with the verb-noun *byw*.

    e.g. Ydy eich mam yn fyw? Ydy. - Is your mother alive? Yes.
    Ydy eich mam yn byw yng Nghaerdydd? Nac ydy.
    - Does your mother live in Cardiff? No.
    Ydy eich tad yn fyw? Ydy. - Is your father alive? Yes.
    Ble mae e'n byw?   - Where does he live?

    The word *eich* (your) doesn't cause any following word to mutate.

3. In answering any questions about your family you need the word *fy* (my).

    Fy chwaer (i)   - My sister
    Fy mam (i)   - My mother
    Fy rhieni (i)   - My parents

    The supporting *i* which follows the noun is optional.

    In spoken Welsh you rarely hear *fy* except in very formal setting.
    What you actually hear is something like 'y + NASAL MUTATION (where it occurs).

plant	(fy) **mh**lant (i)	- my children
brawd	(fy) **m**rawd (i)	- my brother
brodyr	(fy) **m**rodyr (i)	- my brothers
tad	(fy) **nh**ad (i)	- my father

    What you will actually hear people saying is *'y mhlant, 'y mrawd, 'y mrodyr, 'y nhad*.

e.g.   Mae (fy) nhad yn fyw.   - My father is alive.
        Fe aeth (fy) mrodyr i Abertawe. - My brothers went to Swansea.

In referring to ones parents it is usual to say:
Ble mae 'nhad?   - Where is my father?
Ble mae mam?   - Where is my mother?

4. To speak about in-laws in Welsh you add *YNG-NGHYFRAITH* (another example of Nasal Mutation c.f. *yng Nghaerdydd*)

chwaer-yng-nghyfraith (b)   - sister-in-law
brawd-yng-nghyfraith   - brother-in-law
mam-yng-nghyfraith (b)   - mother-in law
tad-yng-nghyfraith   - father-in-law

5. WEDI MARW (dead)
Mae 'Nhad yn fyw ond mae Mam wedi marw.
- My father is alive but Mother is dead.
Mae fy mrawd-yng-nghyfraith wedi marw.
- My brother-in-law is dead.

Note that when speaking of 'Father' we use *Nhad*.

6. If we wish to say *My father died in 1978* as opposed to *My father is dead* we must use:—

e.g.   Bu farw 'Nhad yn 1978.   - Father died in 1978.
        Pryd bu farw eich mam?   - When did your mother die?
        Ble bu farw John Kennedy?   - Where did John Kennedy die?

7. Here are two members of the family called by different names in North and South Wales.

mam-gu (b) (S.W.)   - grandmother
tad-cu (S.W.)   - grandfather
nain (b) (N.W.)   - grandmother
taid (N.W.)   - grandfather

e.g.   Mi fu nain farw heddiw.   - Grandma died today.
        Fe fuodd (fy) nhad-cu farw yn 1976. - My grandfather died in 1976.
        Pryd buodd eich tad-cu farw?   - When did your grandfather die?

Notice that *bu/buodd* are alternative forms and that *pryd* doesn't cause the following word to mutate.

8. PA MOR + adjective (How?)

   Pa mor aml rydych chi'n gweld eich tad?   - How often do you see your father?
   Pa mor aml rydych chi'n gweld eich brawd? - How often do you see your brother?

   A number of replies are possible.

   (a) yn aml -often;   yn aml iawn -very often;   byth -never

   (b) unwaith yr wythnos   - once a week
       ddwywaith y mis   - twice a month
       dairgwaith y flwyddyn   - three times a year
       bedair gwaith y flwyddyn - four times a year

9. In this unit we have seen the Nasal Mutation at work after *fy*. These are the letters affected.

C>NGH	cartref (home)	fy nghartref (my home)
P>MH	plant (children)	fy mhlant (my children)
T>NH	tad (father)	fy nhad (my father)
G>NG	gardd (garden)	fy ngardd (my garden)
B>M	brawd (brother)	fy mrawd (my brother)
D>N	desg (desk)	fy nesg (my desk)

B. YR IAITH AR WAITH

Tom: Oes brawd 'da chi, Carol?
Carol: Nac oes *ond* (but) mae chwaer 'da fi.
Tom: Ble mae hi'n byw?
Carol: Yn Preston.
Tom: Ydy hi'n briod?
Carol: Ydy. Mae dwy ferch 'da hi. Ydy eich tad yn fyw?
Tom: Ydy. Mae e'n byw yng Nghaerdydd ond mae Mam wedi marw.
Carol: Pryd bu farw hi?
Tom: Bu farw ym 1979.
Carol: Mae brawd 'da chi hefyd Tom.
Tom: Oes.
Carol: Pa mor aml rydych chi'n gweld eich brawd?
Tom: Yn eitha aml. Mae e'n byw yn Abertawe ac rydw i'n mynd i weld Bill a'r teulu bedair gwaith y flwyddyn.
Carol: Ydy eich tad yn mynd i Abertawe weithiau?
Tom: Ydy, ddwywaith y flwyddyn.

C. **YMARFERION**

(i) Atebwch:—

1. Oes brawd 'da chi?
2. Ydy eich tad yn fyw?
3. Ydy eich chwaer-yng-nghyfraith yn byw yng Nghaerdydd?
4. Ble mae eich rhieni'n byw?
5. Ble aeth eich plant neithiwr?
6. Ydy eich mam-yng-nghyfraith wedi marw?
7. Pryd bu farw eich tad-cu?
8. Pa mor aml rydych chi'n gweld eich chwaer?
9. Pa mor aml rydych chi'n gweld eich rhieni?
10. Ble aeth eich brawd neithiwr?

(ii) Edrychwch ar yr enghraifft hon a newidiwch y brawddegau yn ôl yr un patrwm. (Look at this example and change the sentences accordingly.):—

Mae brawd Tom wedi marw. - Tom's brother has died.
Mae fy mrawd i wedi marw hefyd. - My brother has died too.

1. Mae tad Dic yn fyw.
2. Mae mam y bachgen yn y tŷ.
3. Mae brawd y plant yn Abertawe.
4. Mae mam-yng-nghyfraith Siân ma's.
5. Mae car Tom yng Nghaerdydd.
6. Mae brawd Sam yn ysgrifennu.
7. Mae chwaer John yn 15.
8. Mae plant Mr. Jones yng Nghaerdydd.

(iii) Pryd bu farw'r bobl hyn? (When did these people die?):—
Choose the appropriate year from the list below.

1. David Lloyd George
2. John F. Kennedy
3. Martin Luther King
4. John Lennon
5. David Livingstone
6. Richard Burton
7. Dylan Thomas
8. William Shakespeare

(1616; 1984; 1945; 1968; 1980; 1953; 1963; 1973)

(iv) Pa mor aml? (How often?):—

1. Pa mor aml rydych chi'n bwyta?
2. Pa mor aml rydych chi'n cael bath?

3. Pa mor aml rydych chi'n gweld eich rhieni?
4. Pa mor aml rydych chi'n siopa?
5. Pa mor aml rydych chi'n ysgrifennu llythyr?
6. Pa mor aml rydych chi'n mynd i Gaerdydd?
7. Pa mor aml rydych chi'n mynd i'r eglwys?
8. Pa mor aml rydych chi'n mynd am dro?

UNED 10

In this unit we'll take "Christmas" as our theme and concentrate on the Past Perfect Tense which uses *'have'* (i.e. I have done various things).

A. 1. Y Nadolig — Christmas
        coeden Nadolig (b) — Christmas tree
        anfon (at) — to send (to)
        prynu — to buy
        eto — yet; again
        cardiau Nadolig — Christmas cards
        Nadolig Llawen! — Merry Christmas!
        gorffen — to finish
        siopa — to shop

    e.g. Ydych chi'n anfon cardiau Nadolig?
    - Do you send (are you sending) Christmas cards?
    Ydych chi **wedi** anfon cardiau Nadolig?
    - Have you sent Christmas cards?

    Notice:— 1. Change the *yn* to *wedi* in front of the verb noun.
    2. It is impossible for *yn* to precede *wedi*. *Wedi* replaces *yn*.

  2. The replies are the same as for the Present Tense.

    e.g. Ydych chi'n prynu coeden Nadolig?
    - Do you buy a Christmas tree?
    Ydw.
    - Yes, (I do).
    Ydych chi **wedi** prynu coeden Nadolig eto?
    - Have you bought a Christmas tree yet?
    Nac ydw.
    - No (I haven't).
    Ydy Dewi **wedi** gorffen siopa?
    - Has Dewi finished shopping?
    Ydy.
    - Yes (He has).

  3. addurno — to decorate
      lolfa — lounge
      coeden (b) — tree
      eich gŵr — your husband
      ysgrifennu (at) — to write (to)
      llythyr — letter
      Siôn Corn — Father Christmas
      eich gwraig — your wife

e.g. Ydy eich gŵr wedi anfon llythyr at Siôn Corn?
- Has your husband sent a letter to Father Christmas?
Ydy.
- Yes (he has).
Ydy'r plant wedi prynu cardiau?
- Have the children brought cards?
Ydyn.
- Yes (they have).

4. cinio Nadolig   - Christmas dinner
   ffowlyn (S.W.)   - chicken
   cyw iâr (N.W.)   - chicken
   twrci   - turkey
   dewis   - to choose
   pwdin Nadolig   - Christmas pudding
   plwm pwdin
   hwyaden (b)   - duck
   gŵydd (b)   - goose
   coginio   - to cook
   bwriadu   - to intend to

   e.g. Ydych chi wedi dewis y twrci eto?
   - Have you chosen the turkey yet?
   Nac ydw.
   - No (I haven't).
   Ydy Mary wedi gwneud y deisen Nadolig eto?
   - Has Mary made the Christmas cake yet?
   Ydy.
   - Yes (she has).

5. Beth rydych chi wedi('i) brynu i Dewi?   - What have you brought for Dewi?
   Rydw i wedi prynu beic.   - I have bought a bike.

6. codi'n gynnar - to get up early   bwyta cnau   - to eat nuts
   agor anrhegion - to open presents   fel arfer   - usually
   yn y bore   - in the morning   yn y p'nawn   - in the afternoon
   gyda'r nos   - in the evening   on Christmas Day - ar Ddydd Nadolig
   anrheg   - present   hefyd   - also, too
   neu   - or

Some present tense questions about Christmas Day:

(i) Beth rydych chi'n (ei) wneud ar Ddydd Nadolig?
- What do you do on Christmas Day?
Rydw i'n coginio.
- I cook.

(ii) Pryd mae'r plant yn codi fel arfer?
- When do the children get up usually?
Maen nhw'n codi am saith o'r gloch.
- They get up at seven o'clock.

(iii) Pryd rydych chi'n bwyta cinio Nadolig?
- When do you eat Christmas dinner?
Rydyn ni'n bwyta cinio Nadolig am un o'r gloch.
- We eat Christmas dinner at one o'clock.

B. YR IAITH AR WAITH

Ann: Shwd 'ych chi Carol?
Carol: Da iawn diolch. Mae'r Nadolig yn dod! Ydych chi wedi gorffen siopa eto?
Ann: Ydw. Rydw i wedi prynu cardiau ac anrhegion a bwyd. Ond dydw i ddim wedi anfon y cardiau eto. Ydych chi wedi anfon eich cardiau?
Carol: Nac ydw, ddim eto.
Ann: Ydy Dewi'n hoffi'r Nadolig?
Carol: Ydy! Mae e'n hoffi addurno'r lolfa a'r goeden Nadolig.
Ann: Beth rydych chi wedi'i brynu i'r plant?
Carol: Rydw i wedi prynu dol i Alis, beic i Esther a dillad i Minny.
Ann: Pryd rydych chi'n codi ar ddydd Nadolig?
Carol: Rydyn ni'n codi'n gynnar. Mae'r plant yn codi tua chwech o'r gloch ac mae Dewi a fi'n codi tuag wyth o'r gloch.
Ann: Pryd rydych chi'n bwyta cinio Nadolig?
Carol: Rydyn ni'n bwyta cinio Nadolig gyda'r nos, fel arfer.
Ann: Ydych chi'n gael gŵydd i ginio?
Carol: Nac ydyn. Rydyn ni'n cael twrci. Beth ydych chi'n ei gael?
Ann: Rydyn ni'n cael ffowlyn neu hwyaden. Dydw i ddim wedi prynu'r cig eto!

C. YMARFERION

(i) Trowch y brawddegau hyn i'r Amser Gorffennol gan ddefnyddio 'wedi'. (Turn these sentences into the Past Perfect Tense using 'have'.):—

1. Rydw i'n prynu anrhegion.
2. Ydyn nhw'n anfon llythyr at Siôn Corn?
3. Mae Esther yn addurno'r lolfa.
4. Beth mae hi'n ei wneud?
5. Rydych chi'n cael twrci.

(ii) Cyfieithwch:—

1. I have bought a Christmas tree.
2. They have goose for Christmas dinner.
3. What has Minny bought for Alis?
4. When do you get up on Christmas morning?
5. He has finished shopping too.

UNED 11

This unit teaches you to refer to the past by making statements, asking questions, and responding Yes/No.

A. 1. **What did you...?**

BETH? is the question word for *What?* The *Chi* (you) person of the Past/Preterite tense of the regular verb is formed by adding the ending .....*och* to the stem of the action word.
        e.g.   Yfed - Beth yfoch chi? - What did you drink?

Beth is followed by a Soft Mutation.
    Bwyta   - Beth *f*wytoch chi?   - What did you eat?
    Gweld   - Beth *wel*och chi?   - What did you see?

(By the way, at this stage of learning the language, don't be too concerned about learning rules regarding the stems of actions words.)

2. **Cael** (to get, to have, to receive) is an irregular verb-noun and it forms tenses in an unusual way. *Cawsoch chi* is the *you got* form.
So: *Beth gawsoch chi?* - What did you get?
Beth gafodd Dewi/y plant? is the way to ask: What did Dewi/the children get?
Fe ges i.....means: I got/received/had.....
Fe gafodd Dewi.....Dewi got/received/had.....

3. **When/Where did you.....?**

You are well acquainted with the question words *Pryd?* asking *When?* and *Ble? (Where?)*. Unlike '*Beth?*' these question words are not followed by a Soft Mutation.

    e.g.   Pryd bwytoch chi?   - When did you eat?
             Ble bwytoch chi?   - Where did you eat?
             Pryd gweloch chi'r plant?   - When did you see the children?
             Ble gweloch chi'r plant?   - Where did you see the children?
             Pryd codoch chi?   - When did you get up?
             Pryd cawsoch chi'r car?   - When did you get the car?
             Ble cawsoch chi'r car?   - Where did you get the car?
             Pryd gorffennoch chi'r gwaith?   - When did you finish the work?
             Ble prynoch chi'r cig?   - Where did you buy the meat?
             Pryd coginioch chi'r ffowlyn?   - When did you cook the chicken?

4. **Did you.....?**

Often questions need to be asked without using question words like *Pryd?; Ble?;* and *Beth?* To ask a straightforward question like: 'Did you drink? you simply ask:–

Yfoch chi? The verb undergoes a soft mutation, so it would be *incorrect* to ask:

Gwelwch chi?: Cawsoch chi?; Bwytoch chi?; Codoch chi?;

The correct forms are:

*W*eloch chi?; *G*awsoch chi?; *F*wytoch chi?; *G*odoch chi?

Mwynhau means *to enjoy* and *gwrando ar* means to *listen to*.

   e.g. Fwynheuoch chi? - Did you enjoy?
      (Note the internal change in spelling *au-eu*.)
      Wrandawoch chi ar y radio? - Did you listen to the radio?
      (Note that the stem of *gwrando* is *gwrandaw*.....)

5. **Did you.....? - Yes/No**

   Having asked such questions we will want to say *yes* or *no*. You are already aware that saying *yes* and *no* is not so straightforward in Welsh. The *yes* and *no* replies in Welsh to any question that is asked using past tense forms are *Do* and *Naddo* regardless of person.

   | e.g. | Fwynheuoch chi'r cawl? | - Do (Yes). |
   | | Fwynheuoch chi'r coffi? | - Naddo (no). |

6. You have been asked the question: *Beth fwytoch chi?* - 'What did you eat?' Your reply is:

   | e.g. | Fe/Mi fwytais i dwrci. | - I ate turkey. |
   | | Fe/Mi ges i gig moch | - I had bacon. |

   Note how the object (i.e. *what* you *eat* or *got*) has undergone a Soft Mutation. The rule is that the objects of short form verbs like: *Fe/Mi ddarllenais, Fe/Mi welais i, Fe/Mi brynais i,* etc. undergo a Soft Mutation.

e.g.	Fe brynais i gar.	- I bought a car.
	Mi welais i blentyn.	- I saw a child.
	Fe fwytais i ginio Nadolig.	- I eat a Christmas dinner.
	Mi ges i ginio am un o'r gloch.	- I had lunch/dinner at one o'clock.

B. YR IAITH AR WAITH

1. Pryd codoch chi?
   Fe godais i am wyth o'r gloch.
   OR Fe godon ni am saith o'r gloch.

2. Pryd cawsoch chi ginio?
   Mi ges i ginio am ddeuddeg o'r gloch.
3. Beth gawsoch chi i ginio?
   Fe ges i gig moch a ffowlyn.
4. Beth gafodd Dewi?
   Fe gafodd e ŵydd a sglodion.
5. Ble aethoch chi yn y prynhawn?
   Fe aethon ni am dro *(for a walk)*.
6. Fwynheuoch chi?
   Do.
7. Weloch chi Jane?
   Naddo.

C. YMARFERION

(i) Using the *chi* form of the past tense verb ask a *Beth?* question (according to the pattern of this example): - dewis - Beth ddewisoch chi?

1. cael 2. coginio 3. gwneud 4. anfon 5. prynu 6. 'sgrifennu
7. addurno 8. bwyta 9. yfed 10. gweld

(ii) Ask a '*Ble?*' question, again using the '*chi*' form of the past tense verb (according to the pattern of this example): prynu'r car - Ble prynoch chi'r car?

1. cael y car 2. gweld y plant 3. bwyta eich cinio 4. gwneud eich gwaith cartref 5. mynd ar eich gwyliau

(iii) Correct these questions (according to the pattern of this example):
Gweloch chi'r plant? - Weloch chi'r plant?

1. Cawsoch chi? 2. Bwytoch chi? 3. Codoch chi? 4. Mwynheuoch chi?
5. Gwrandawoch chi? 6. Gweloch chi? 7. Prynoch chi?
After you have corrected the above proceed to complete the questions in any way you wish.

(iv) Using the *I* ending *(...ais i)* of the past tense verb form sentences from the cues given, you can complete the sentence *bwyta cinio*.
- Fe/Mi fwytais i ginio am un o'r gloch.

1. prynu car 2. gweld plant 3. cael te 4. coginio cig 5. 'sgrifennu llythyron

UNED 12

In this unit we are going to learn to speak about where and when we were born, things we used to do and what we did in the past.

A. 1. There are some actions for which we are responsible. We are active agents.

   e.g. Fe gerddais i; Fe yfodd Tom y coffi.

   There are other actions which are done to us.

   e.g. Tom was kicked. The horse was killed.

   A sentence belonging to the second category is:-

   > *I was born.* In Welsh this is:
   > Fe/Mi ges i fy ngeni. (lit. I had my birth)

   The structure is **CAEL + FY + VERB-NOUN**.
   You will remember that *fy* is followed by a Nasal Mutation. Compare:
   Ble cawsoch chi eich geni? -Where were you born?
   (lit. Where did you have your birth?)

   e.g. Ble cawsoch chi eich geni?
   Fe ges i fy ngeni yng Nghaerdydd.

   Ble cawsoch chi eich geni?
   Fe ges i fy ngeni yng Nghymru.

2. When we speak of other people we use the third person (singular or plural) of *cael*.

   e.g. Mi/Fe gafodd Dewi ei eni yn Llanelli.
   - Dewi was born in Llanelli.
   Mi/Fe gafodd Richard Burton ei eni yng Nghymru.
   - Richard Burton was born in Wales.

   As *ei* here refers back to 'Dewi' and 'Richard Burton' it is the masculine *ei*, causing Soft Mutation.

3. The *Ble?* question form is:-
   Ble cafodd Dewi ei eni?   - Where was Dewi born?
   Ble cafodd e ei eni?   - Where was he born?

   e.g. Ble cafodd Tom ei eni?
   Fe/Mi gafodd e ei eni yn Llandudno.

4. Should *ei* refer to a female or feminine noun there is Aspirate Mutation (c–ch; p–ph; t–th.) All other letters remain unchanged.

e.g. Fe gafodd Mari ei geni yn Aberdâr.   - Mari was born in Aberdare.
Fe gafodd hi ei geni yn Llundain.   - She was born in London.

Ble cafodd Elen ei geni?   - Fe/Mi gafodd ei geni yng Nghaerdydd.
Pryd cafodd hi ei geni?   - Fe gafodd hi ei geni yn 1975.

5. There are certain things in the past we used to do or were in the habit of doing:

e.g. Roeddwn i'n arfer chwarae golff.   - I used to play golf.

You will notice that to convey 'used to', we use:—
THE IMPERFECT TENSE (was, were, used to) + YN + ARFER

Roeddwn i'n arfer   - I used to….
Roeddech chi'n arfer   - You used to….
Roedd e'n/hi'n arfer   - He/She used to….
Roedd Dewi'n arfer   - Dewi used to….

Enghreifftiau:—

Roeddwn i'n arfer chwarae rygbi.   - I used to play rugby.
Roedd e'n arfer byw yn y Bala.   - He used to live in Bala.
Roedd hi'n arfer gweithio.   - She used to work.
Roedd Tom yn arfer canu'r piano.   - Tom used to play the piano.

6. You can form questions by using *Ble?*; *Pryd?* etc.

e.g. Ble roedd e'n arfer nofio?
- Where did he used to swim?
Pryd roeddech chi'n arfer trwsio'r car?
- When did you used to repair the car?
Ble roedd hi'n arfer mynd ar nos Fercher?
- Where did she used to go on Wednesday night?

You will have noticed that *arfer* is immediately followed by the action word,

e.g. *yn arfer byw*

7. We have already seen questions in the past tense:—

e.g. Pryd symudoch chi o Gaerdydd?   - When did you move from Cardiff?
Ble nofioch chi?   - Where did you swim?
Ble cerddoch chi neithiwr?   - Where did you walk last night?
Pryd bwytoch chi?   - When did you eat?

B. YR IAITH AR WAITH

Gwen: Ble cawsoch chi eich geni?
Carol: Yn Llundain. A chi?

Gwen: Fe ges i fy ngeni yng Nghaerdydd.
Carol: Pryd?
Gwen: Yn 1948.
Carol: Fe gafodd Dewi ei eni yn 1948 hefyd.
Gwen: Ble?
Carol: Yn Abertridwr ger Caerffili.
Gwen: Roeddwn i'n arfer mynd i weld 'Nhad-cu a Mam-gu yng Nghaerffili. Roedden nhw'n byw ger y castell.
Carol: Mae Caerffili yn braf.
Gwen: Ydy. Roeddwn i'n arfer mynd yno bob dydd Sadwrn, ond symudodd 'Nhad-cu i fyw yng Nghaerdydd pan (when) fu farw Mam-gu.
Carol: Pryd?
Gwen: Yn 1957.

C. YMARFERION

(i) Ysgrifennwch frawddegau ar y patrwm a ganlyn.
(Write sentences on the following pattern):–
Mari Jones/Merthyr
Fe gafodd Mari Jones ei geni ym Merthyr.

1. David Lloyd George/Manceinion (Manchester)
2. Richard Burton/Pont-rhyd-y-fen
3. Siân Phillips/Pontardawe
4. Gareth Edwards/Gwaencaegurwen
5. Nerys Hughes/Y Rhyl
6. Sarah Siddons/Aberhonddu

(ii) Ble cafodd y bobl hyn eu geni? (Where were these people born?):–

1. chi 2. eich tad 3. eich mam 4. Winston Churchill 5. eich brawd 6. eich chwaer 7. eich mam-gu 8. eich tad-cu

(iii) Atebwch:–
1. Ble roeddech chi'n arfer mynd i'r ysgol?
2. Pryd roeddech chi'n arfer cael bath?
3. Beth roeddech chi'n arfer hoffi ei wneud?
4. Beth roeddech chi'n arfer ei chwarae?
5. Beth roeddech chi'n arfer hoffi ei fwyta?
6. Ble roeddech chi'n arfer byw?
7. Ble roeddech chi'n arfer mynd ar eich gwyliau?

UNED 13

In this unit we'll talk about birthdays and learn the names of the months of the year.

A. 1.   mis   - month   pen-blwydd   - birthday
     mis Rhagfyr - December   mis Mawrth   - March
     mis Mehefin - June

    There is no *'s* in Welsh. Just change the word order.
    Dewi's birthday   - pen-blwydd Dewi
    Minny's birthday   - pen-blwydd Minny

    Yn changes to *ym* in front of the word *mis*. This makes pronunciation easier.

    e.g.   Pryd mae pen-blwydd Dewi?   - When is Dewi's birthday?
          Mae pen-blwydd Dewi ym mis Mawrth.   - Dewi's birthday is in March.

  2.   eich pen-blwydd (chi)   - your birthday
      fy mhen-blwydd (i)   - my birthday

    Notice: 1. The Nasal Mutation after *fy*.
                2. *Chi* and *I* confirm the preceding pronouns *eich* and *fy* and need not necessarily be used.

    e.g.   Pryd mae eich pen-blwydd (chi?)   - When is your birthday?
          Mae fy mhen-blwydd (i) ym mis Rhagfyr. - My birthday is in December.

  3.   mis Chwefror   - February   mis Awst   - August
      mis Gorffennaf   - July

    pen-blwydd eich gŵr (chi)   - your husband's birthday
    pen-blwydd eich gwraig   - your wife's birthday
    pen-blwydd eich plant   - your children's birthday
    pen-blwydd fy ngŵr (i)   - my husband's birthday
    pen-blwydd fy ngwraig   - my wife's birthday
    pen-blwydd fy mhlant   - my children's birthday

    e.g.   Pryd mae pen-blwydd eich gwraig (chi)?
         - When is your wife's birthday?
         Mae pen-blwydd fy ngwraig (i) ym mis Awst.
         - My wife's birthday is in August.
         Pryd mae pen-blwydd eich plant?
         - When are your children's birthdays?
         Mae pen-blwydd fy mhlant ym mis Mehefin, mis Gorffennaf a Mis Ebrill.
         - My children's birthdays are in June, July and April.

4. mis Ionawr - January   mis Ebrill   - April
    mis Mai   - May   Wn i ddim   - I don't know.

    e.g. Pryd mae pen-blwydd eich tad (chi)?
          - When is your father's birthday?
          Mae pen-blwydd fy nhad (i) ym mis Mai.
          - My father's birthday is in May.
          Pryd mae pen-blwydd eich brawd-yng-nghyfraith (chi)?
          - When is you brother-in-law's birthday?
          Wn i ddim!
          - I don't know!

5. mis Medi   - September   mis Hydref   - October
    mis Tachwedd   - November

    e.g. Pryd mae'r Nadolig?   - When is Christmas?
          Mae'r Nadolig ym mis Rhagfyr.   - Christmas is in December.
          Pryd mae Dydd Gŵyl Dewi?   - When is St. David's Day?
          Mae Dydd Gŵyl Dewi ym mis Mawrth. - St. David's Day is in March.

6. (i)   Faint/Beth ydy oed Alis?   - How old is Alis?
          Mae hi'n bedair oed.   - She is four.

    (ii) Faint ydy oed Alis fis Gorffennaf nesaf?   - How old is Alis next July?
          Mae hi'n bump oed fis Gorffennaf nesaf   - She is five next July.

    (iii) Faint oedd oed Alis fis Gorffennaf diwethaf? - How old was Alis last July?
          Roedd hi'n bedair oed fis Gorffennaf diwethaf.- She was four last July.

    Notice: We mutate *mis* to *fis* when it is used adverbially in a sentence, i.e. when it conveys 'during the month of…'

B. YR IAITH AR WAITH

Mae fy mhen-blwydd (i) ym mis Mehefin ac mae pen-blwydd fy ngŵr (i) ym mis Chwefror. Pryd mae pen-blwydd Dewi? Mae pen-blwydd Dewi ym mis Mawrth. Ydy pen-blwydd Carol ym mis Ionawr? Nac ydy, dydy pen-blwydd Carol ddim ym mis Ionawr. Mae e ym mis Rhagfyr. Pryd mae pen-blwydd Alis? Mae e ym mis Gorffennaf. Roedd hi'n dair oed fis Gorffennaf diwethaf ac mae hi'n bedair oed fis Gorffennaf nesaf. Mae'r Nadolig a phen-blwydd Carol ym mis Rhagfyr ac mae Dydd Gŵyl Dewi a phen-blwydd Dewi ym mis Mawrth!

C. YMARFERION

(i) Dodwch y geiriau canlynol ar ôl 'fy'.
(Place the following words after *fy* (my)):-

1. pen-blwydd 2. plant 3. gŵr 4. gwraig 5. chwaer 6. tad 7. brawd
8. mam 9. merch 10. mab.

(ii) Llenwch y bylchau:-

1. Pryd.......pen-blwydd Dewi?
2. Mae........mhen-blwydd i ym mis Mehefin.
3. Ydy........pen-blwydd chi ym mis Mai?
4. ....ydy oed Esther?

(iii) Cyfieithwch:-

1. Basil's birthday
2. your birthday
3. my mother's birthday
4. my brother-in-law's birthday
5. your sister's birthday
6. last May
7. next June
8. I don't know
9. St. David's Day
10. my children's birthdays

UNED 14

This unit is about *The Weather*.

A. 1. **Y GAEAF - WINTER**

   The following adjectives are characteristic of Winter - *Y Gaeaf*. Note that we say *The Winter*. This *Y - the* always appears in front of the Welsh word for a particular season.

diflas	- miserable	stormus	- stormy
gwlyb	- wet	oer	- cold
gwyntog	- windy		

   To convey 'It's cold' we say: *Mae hi'n oer,* or *Mae'n oer*. In references to the weather, just like time, *hi* is used. But that word can be omitted. Again note the use of the connecting *yn* or it's shortened form *'n* to link the verb (*mae*) with the adjective itself. As you know, this connecting *yn* causes the adjective (like a number) to undergo a soft mutation.

   i.e. Mae'**n** ddiflas/wlyb/wyntog.

   2. **DRWY'R AMSER - All the time**

   e.g. Mae'n ddiflas drwy'r amser yn y gaeaf.
   - It's miserable all the time in Winter.
   Ydy hi'n wyntog drwy'r amser yn y gaeaf?
   - Is it miserable all the time in the Winter?
   Dydy hi ddim yn wlyb drwy'r amser yn y gaeaf.
   - It isn't wet all the time in Winter.

   3. **Y GWANWYN - Spring**

   Do you agree that these words are typical of *Y Gwanwyn*?

braf	- fine	hyfryd	- lovely
cynnes	- warm	heulog	- sunny

   e.g. Mae'r gwanwyn yn gynnes/heulog.

   Note, however, that *braf* is an exception to the Soft Mutation rule and it does not mutate after *yn*.

   i.e. Mae hi'n braf yn y gwanwyn.

   4. But often *Y gwanwyn* is a compromise and we might possibly want to say that: 'It's quite ...... warm/fine/cold/windy, etc. So compare these two sentences:

Mae'n gynnes.	- It's warm.
Mae'n eithaf cynnes.	- It's quite warm.

EITHAF comes between *yn/'n* and the adjective but *eithaf* is not followed by a mutation.
i.e. yn eithaf cynnes/diflas/gwyntog/gwlyb.

e.g. Fel arfer, mae'n eithaf braf yn y gwanwyn, ond weithiau mae'n eithaf gwlyb a diflas.

5. **YR HAF - Summer**

   Spring turns to Summer.
twym (S.W.)	- hot
poeth (N.W.)	- hot
sych	- dry

   e.g. Mae'n dwym/boeth yn yr haf.
   Mae'n eithaf sych yn yr haf.

6. Again the Summer can be very dry/hot. To convey *very* in Welsh add the word *IAWN* to the adjective. i.e. the Welsh and English words are in reverse order.

   e.g. Mae'n dwym/boeth/sych iawn heddiw.
   Mae'n ddiflas/wyntog/wlyb iawn.

7. **YN GALLU BOD** - means **can be**.

   e.g. Mae'r haf yn gallu bod yn dwym iawn.
   Mae'r gaeaf yn gallu bod yn oer iawn.
   Mae'r gwanwyn yn gallu bod yn eithaf cynnes.
   Mae'n gallu bod yn stormus iawn yn y gaeaf. - It can be.....

8. **YR HYDREF - Autumn**

   It's Autumn at last. 'Mae'r hydref wedi dod'. 'Mae'n niwlog' - 'It's misty'. Learn the following action words about the changeable British climate, you might need them to talk about the weather at any time:

bwrw glaw	- to rain/raining
bwrw eira	- to snow/snowing
bwrw cesair (S.W.)	- to hail/hailing
bwrw cenllysg (N.W.)	
rhewi	- to freeze/freezing

   Remember, however, that the stuff that falls is:
   glaw - rain;   eira - snow;   cesair/cenllysg - hailstones.

Look at the following examples:

Ydy hi'n bwrw glaw?
Dydy hi ddim yn rhewi heno.
Mae'n niwlog iawn heddiw.
Roedd hi'n eithaf braf dros y Sul. *(over the weekend)*.
Dydw i ddim yn hoffi eira.
Wyt ti'n hoffi cerdded yn y glaw?
Mae'r plant yn hoffi cerdded i'r ysgol yn yr eira.

9. **YN YSTOD - during**

   e.g. yn ystod y gwyliau   - during the holidays
         yn ystod yr wythnos   - during the week
         yn ystod y Nadolig   - during Christmas
         yn ystod yr Hydref   - during Autumn
         yn ystod eich gwyliau   - during your holidays

B. **YR IAITH AR WAITH**

1. Sut mae'r tywydd?
   Mae'n bwrw glaw.

2. Sut oedd y tywydd yn ystod eich gwyliau?
   Roedd hi'n dwym iawn.

3. Ydy hi'n bwrw glaw?
   Nac ydy, ond mae'n eithaf diflas.

4. Wyt ti'n mynd allan *(out)* yn y glaw?
   Ydw, rydw i'n hoffi cerdded yn y glaw.

5. Roedd hi'n sych iawn yr haf diwethaf ond mae'n gallu bod yn wlyb iawn.

6. Rydw i'n hoffi'r gwanwyn. Mae'n gallu bod yn eithaf braf.

C. **YMARFERION**

(i) Say: *Mae'n* ...... and use the following words: 1. diflas 2. gwlyb 3. gwyntog 4. braf 5. cynnes 6. twym 7. poeth 8. hyfryd

(ii) Use the words in (i) but this time qualify the statements by using *eithaf*.

(iii) Re-arrange the letters in the following words to form words you know:—
   1. shyc 2. nogwtyg 3. nycsen 4. ahifet 5. nygawnw
   6. wbwr 7. ascier 8. lugal

(iv) Cyfieithwch:—
1. Is it windy? No.
2. It was cold last night.
3. It was miserable all the time.
4. It isn't very warm today.
5. It's very hot in the Summer.
6. It can be very misty in Autumn.
7. Is it raining? No.
8. We like walking in the rain.
9. It's fine today but it was very miserable yesterday.
10. It was quite stormy during the holidays.

UNED 15

This time we are going to look at things we must do.

A. 1. When we express things we must do, the constant elements in the present tense structure are:

MAE RHAID I + the pronouns **FI** (I), **TI** (you), **HI** (she), **FE/FO** (he), **NI** (we), **CHI** (you), **NHW** (they) + a verb-noun

e.g. Mae rhaid i fi fynd. (I must go.)
Mae rhaid iddyn nhw fwyta. (They must eat.)
Mae rhaid iddo fe gysgu. (He must sleep.)
Mae rhaid iddi hi weithio. (She must work.)

You will notice that the verb-nouns MYND/BWYTA/CYSGU and GWEITHIO all undergo a Soft Mutation.

2. Here is an useful question form:

Beth mae rhaid i chi ei wneud heno? - What must you do tonight?
Beth mae rhaid i fi ei wneud heddiw? - What must I do today?

3. Here are some of the things you might have to do today:

codi'r plant o'r ysgol	- pick up the children from school
rhoi bath i'r plant	- give the children a bath
paratoi bwyd	- prepare food
mynd i siopa	- to go shopping
smwddio'r dillad	- to iron the clothes
golchi'r car	- to wash the car

4. In order to speak of things we had to do in the past, we simply substitute **ROEDD** (statement)/**OEDD** (question) for **MAE**.

e.g. **Roedd** rhaid i fi godi'r plant o'r ysgol.
- I had to pick up the children from school.
Roedd rhaid i chi gael bath.
- You had to have a bath.
Beth **oedd** rhaid i fi ei wneud?
- What did I have to do?

Contrast:

Beth mae rhaid i Dewi ei wneud heno? - What must Dewi do tonight?
AND
Beth oedd rhaid i Dewi ei wneud neithiwr? - What did Dewi have to do last night?

Note these statements:

Roedd rhaid i Dewi fynd.   - Dewi had to go.
Roedd rhaid i'r tad fwyta.   - The father had to eat.

The verb-noun undergoes a Soft Mutation after the nouns *Dewi/ tad*) exactly as it does after, *FI, TI, NI, NHW* etc. (See Note 1.)

5. In speaking to children, animals and close friends or relatives we use *TI* (You).

   e.g. Mae rhaid i ti fynd.   - You must go.
        Mae rhaid i ti fwyta.   - You must eat.

   In 'Mae rhaid i **chi** fwyta **eich** bwyd'. - You must eat your food.

   CHI (you) corresponds to *EICH* (your). If you use *TI/YOU* must use the corresponding form *DY* (your). *DY* always causes a Soft Mutation.

   e.g. Mae rhaid i **ti** fwyta **dy** fwyd.   - You must eat your food.
        Roedd rhaid i **ti** olchi **dy** gar.   - You had to wash your car.
        Roedd rhaid i **ti** wneud **dy** waith. - You had to do your work.

6. The other persons are:-

       Mae rhaid iddo fe   - He must
       Mae rhaid iddi hi   - She must
       Mae rhaid i ni   - We must
       Mae rhaid iddyn nhw - They must
       Mae rhaid i Tom   - Tom must

7. **BOB** - every

   bob dydd   - every day   bob prynhawn   - every afternoon
   bob bore   - every morning   bob nos   - every night

   e.g. Mae rhaid iddo fe fynd bob dydd.
        - He must go every day.
        Mae rhaid iddi hi wisgo bob bore.
        - She must dress every morning.
        Mae rhaid i ni nofio bob prynhawn.
        - We must swim every afternoon.
        Mae rhaid iddyn nhw ymarfer bob nos.
        - They must practice every night.
        Mae rhaid i Tom fwyta afal (*apple*) bob dydd.
        - Tom must eat an apple every day.

8. **ERBYN PRYD? - (By when?)**

   In the present tense this is always followed by *MAE* (never *ydy*).

   e.g. Erbyn pryd mae rhaid i fi godi?
   - By when must I get up?
   Erbyn pryd mae rhaid i ti wneud cinio?
   - By when must you make dinner?
   Erbyn pryd roedd rhaid iti fynd i'r gwaith?
   - By when did you have to go to work?

   Possible answers to the above questions:

   e.g. Mae rhaid i chi godi erbyn saith o'r gloch.
   - You must get up by 7 o'clock.
   Mae rhaid i fi wneud cinio erbyn chwarter wedi un.
   - I must make dinner by 1.15.

B. YR IAITH AR WAITH

Carol: Beth mae rhaid iti ei wneud heddiw, Nia?
Nia: Mae rhaid i fi godi'r plant o'r ysgol. Mae rhaid i fi siopa hefyd.
Carol: Fe siopais i fore ddoe. Mae rhaid i ni gael coffi bore 'fory.
Nia: Wel, dere tua un a'r ddeg o'r gloch.
Carol: Ble est ti ddoe i siopa?
Nia: Fe es i Gaerdydd.
Carol: Oedd rhaid i ti fynd i'r farchnad?
Nia: Nac oedd, ond roedd Dafydd eisiau prynu anrhegion i'r plant - llyfrau a gemau. Roedd rhaid i ni fynd i siop David Howells.
Carol: Fe es i yno Nadolig diwethaf. Mae'n hyfryd.
Nia: Ydy, wir.

C. YMARFERION

(i) Ysgrifennwch frawddegau yn ôl y patrwm a ganlyn:-
ni/bwyta - Mae rhaid i ni fwyta.

1. Dewi/mynd 2. ti/cysgu 3. nhw/byw 4. ni/chwarae 5. y plant/dod
6. hi/gwnio 7. fe/golchi'r car 8. nhw/edrych ar y teledu

(ii) Atebwch:-

1. Beth mae rhaid i ni ei wneud bob dydd?
2. Beth mae rhaid i'r plant ei wneud bob bore?

3. Beth oedd rhaid i chi ei wneud neithiwr?
4. Beth mae rhaid iddi hi ei ddarllen?
5. Beth mae rhaid i fi ei wneud?

(iii) Ysgrifennwch y pethau mae rhaid i chi eu gwneud. (Write the things you must do...):-
1. bob bore
2. bob prynhawn
3. bob dydd
4. bob nos

UNED 16

In this unit we'll discuss ailments and illnesses.

A. 1. sâl - ill; sick;
    tost - ill, sick, sore;

   e.g.   Mae Basil yn sâl.   - Basil is ill.
          Maen nhw'n dost.   - They are ill.

2. Beth sy'n bod?   - What's the matter/What's wrong?
   Beth sy'n bod ar Basil?   - What's the matter with Basil?

   Notice:
   1. In English we say *"with Basil"* but in Welsh we say *ar* (on) *Basil*.
   2. The preposition *ar* has personal forms:–

      on you — arnoch chi/arnat ti

   e.g.   Beth sy'n bod arnoch chi?   - What's the matter with you?

3. **Ailments which mention a part of the body**

pen	- head	cefn	- back
gwddw	- throat	llwnc	- throat (S.W.)
braich (b)	- arm	clust (b)	- ear
llaw (b)	- hand	coes (b)	- leg
troed (b)	- foot	ysgwydd (b)	- shoulder

   The possessive pattern is used with this category of ailments:
   c.f.   Mae merch 'da fi. (S.W.)
          Mae merch gen i. (N.W.)

a) **South Wales**

   The adjective *tost* (sore) can be used with any part of the body.

   e.g.   Mae pen tost 'da fi.   - I have a headache.
          Mae cefn tost 'da Dewi.   - Dewi has a backache.
          Mae llwnc tost 'da fi.   - I have a sore throat.

   A different word order can be used, but notice the Soft Mutation:
          Mae 'da fi lwnc tost.

   If the noun used is feminine, then *tost* is mutated.

   e.g.   Mae braich dost 'da fi.   - I have a sore arm.
          Mae clust dost 'da Dewi.   - Dewi has earache.

b) **North Wales**

The adjective *tost* is not used in North Wales. Instead, we use *poenus* (painful).

    e.g. Mae braich boenus gen i.   - I have a painful (sore) arm.
           Mae troed boenus gan Dewi. - Dewi has a sore foot.

Some ailments have special names in N.W.

cur pen (cur = ache)	- headache
poen cefn (poen = pain)	- backache
dolur gwddw (dolur = sore)	- sore throat
pigyn clust (pigyn = sharp pain)	- earache

    e.g. Mae cur pen gen i.   - I have a headache.
           Mae pigyn clust gan Dewi.   - Dewi has earache.

Again, a different word order may be used but notice the Soft Mutation.

           Mae gen i **dd**olur gwddw.

4. **General ailments**

annwyd	- a cold	y frech goch (b)	- measles
ffliw	- flu	y dwymyn doben (b)	- mumps
peswch	- a cough	brech yr ieir (b)	- chicken pox
gwres	- a temperature		

The pattern used with this category of ailments is the *ar* pattern. There is no difference between N.W. and S.W.
Here are the personal forms of *ar* in full:

1. arnaf i   - on me   1. arnon ni   - on us
2. arnat ti   - on you   2. arnoch chi - on you
    arnoch chi   -
3. ar y ferch   - on the girl 3. arnyn nhw - on them
    arno fe/fo   - on him
    arni hi   - on her

    e.g. Mae annwyd arnaf i.   - I have a cold.
           Mae peswch ar Dewi.   - Dewi has a cough.
           Mae ffliw arno fe/fo.   - He has flu.
           Beth sy'n bod arni hi?   - What's wrong with her?
           Mae brech yr ieir arni hi. - She has chicken pox.

5. **Past Tense**

    Beth *sy'n* bod arnat ti?   - What *is* wrong with you?
    Beth *oedd* yn bod arnat ti? - What *was* wrong with you?

Roedd gwres arni hi.	- She had a temperature.
Roedd annwyd arnaf i.	- I had a cold.
Roedd pen tost 'da fi.	- I had a headache.

B. YR IAITH AR WAITH

Ann: Mae Basil yn sâl heddiw, Carol.
Carol: Beth sy'n bod arno fe?
Ann: Wel, mae pen tost a llwnc tost 'da fe! Mae gwres arno fe hefyd.
Carol: O! Mae ffliw arno fe!
Ann: Oes, mae ffliw arno fe. Roedd Siân yn dost ddoe hefyd.
Carol: Oedd hi? Beth oedd yn bod arni hi?
Ann: Roedd pigyn clust ganddi hi ac roedd y dwymyn doben arni hi.
Carol: Rydw i'n dost hefyd, Ann.
Ann: Beth sy'n bod arnat ti, Carol?
Carol: Mae cefn tost 'da fi ac mae peswch arnaf i hefyd. Wyt ti'n sâl, Ann?
Ann: Nac ydw. Dydw i ddim yn sâl, diolch byth (*thank goodness*)!

C. YMARFERION

(i) Llenwch y bylchau:-

1. Beth sy'n bod.....Mary?
2. Beth sy'n bod.....ti?
3. Mae ffliw.....chi?
4. Mae pen tost.....fi.
5. Mae'r frech goch.....nhw.
6. Beth sy'n bod.....ni?
7. Beth oedd yn bod.....i?
8. Mae cur pen.....i.
9. Mae gwddw tost.....ni.
10. Mae'r dwymyn doben.....hi.

(ii) Lluniwch frawddegau gan ddefnyddio'r prif eiriau yma.
(Form sentences from these key words):-

1. Beth....'n bod.....hi?
2. .....'r frech goch.....ni.
3. .....oedd.....bod.....chi?
4. .....pen tost.....Dewi.
5. .....y dwymyn doben.....nhw y llynedd.

(iii) Atebwch:-
1. Beth oedd yn bod arnat ti? (flu)
2. Beth sy'n bod arni hi? (backache)
3. Beth sy'n bod ar John? (temperature)
4. Beth sy'n bod arnyn nhw? (measles)
5. Beth sy'n bod arnaf i? (a sore leg)

CRYNODEB O RAMADEG UNDEDAU 9-16
SUMMARY OF GRAMMAR UNITS 9-16

1. **PRESENT TENSE** (e.g. dysgu)
   (I am learning/I do learn/I learn etc.)

Affirmative	Negative	Question
1. Rydw i'n dysgu.	1. Dydw i ddim yn dysgu.	1. Ydw i'n dysgu?
2. Rwyt ti'n dysgu.	2. Dwyt ti ddim yn dysgu.	2. Wyt ti'n dysgu?
Rydych chi'n dysgu.	Dydych chi ddim yn dysgu.	Ydych chi'n dysgu?
3. Mae e/hi'n dysgu.	3. Dydy e/hi ddim yn dysgu.	3. Ydy e/hi'n dysgu?
1. Rydyn ni'n dysgu.	1. Dydyn ni ddim yn dysgu.	1. Ydyn ni'n dysgu?
2. Rydych chi'n dysgu.	2. Dydych chi ddim yn dysgu.	2. Ydych chi'n dysgu?
3. Maen nhw'n dysgu.	3. Dydyn nhw ddim yn dysgu.	3. Ydyn nhw'n dysgu?

2. **IMPERFECT TENSE** (e.g. dysgu)

Affirmative	Negative	Question
1. Roeddwn i'n dysgu.	1. Doeddwn i ddim yn dysgu.	1. Oeddwn i'n dysgu?
2. Roeddet ti'n dysgu.	2. Doeddet ti ddim yn dysgu.	2. Oeddet ti'n dysgu?
Roeddech chi'n dysgu.	Doeddech chi ddim yn dysgu.	Oeddech chi'n dysgu?
3. Roedd e/hi'n dysgu.	3. Doedd e/hi ddim yn dysgu.	3. Oedd e/hi'n dysgu?
1. Roedden ni'n dysgu.	1. Doedden ni ddim yn dysgu.	1. Oedden ni'n dysgu?
2. Roeddech chi'n dysgu.	2. Doeddech chi ddim yn dysgu.	2. Oeddech chi'n dysgu?
3. Roedden nhw'n dysgu.	3. Doedden nhw ddim yn dysgu.	3. Oedden nhw'n dysgu?

3. **PERFECT TENSE** (e.g. dysgu)
   (I have learnt etc.)

   Affirmative

   1. Rydw i wedi dysgu.
   2. Rwyt ti wedi dysgu.
      Rydych chi wedi dysgu.
   3. Mae e/hi wedi dysgu.

   1. Rydyn ni wedi dysgu.
   2. Rydych chi wedi dysgu.
   3. Maen nhw wedi dysgu.

   Negative

   1. Dydw i ddim wedi dysgu.
   2. Dwyt ti ddim wedi dysgu.
      Dydych chi ddim wedi dysgu.
   3. Dydy e/hi ddim wedi dysgu.

   1. Dydyn ni ddim wedi dysgu.
   2. Dydych chi ddim wedi dysgu.
   3. Dydyn nhw ddim wedi dysgu.

   Question

   1. Ydw i wedi dysgu?
   2. Wyt ti wedi dysgu?
      Ydych chi wedi dysgu?
   3. Ydy e/hi wedi dysgu?

   1. Ydyn ni wedi dysgu?
   2. Ydych chi wedi dysgu?
   3. Ydyn nhw wedi dysgu?

4. (a) **PRETERITE (SHORT) TENSE** (e.g. 'dysgu' and all regular verbs)
   (I learnt etc.)

   Affirmative

   1. Fe ddysgais i.
   2. Fe ddysgaist ti.
      Fe ddysgoch chi.
   3. Fe ddysgodd e/hi.

   1. Fe ddysgon ni.
   2. Fe ddysgoch chi.
   3. Fe ddysgon nhw.

   Negative

   1. Ddysgais i ddim.
   2. Ddysgaist ti ddim.
      Ddysgoch chi ddim.
   3. Ddysgodd e/hi ddim.

   1. Ddysgon ni ddim.
   2. Ddysgoch chi ddim.
   3. Ddysgon nhw ddim.

   Questions

   1. Ddysgais i?
   2. Ddysgaist ti?
      Ddysgoch chi?
   3. Ddysgodd e/hi?

   1. Ddysgon ni?
   2. Ddysgoch chi?
   3. Ddysgon nhw?

   (b) **N.B.** *mynd, dod, cael, gwneud*, are irregular. (We have not learnt *dod* and *gwneud* yet.).

   Mynd (to go)
   (I went etc.)

   1. Fe es i.
   2. Fe est ti.
      Fe aethoch chi.
   3. Fe aeth e/hi.

   Cael (to have)
   (I had/I received)

   Fe ges i.
   Fe gest ti.
   Fe gawsoch chi.
   Fe gafodd e/hi.

1. Fe aethon ni   Fe gawson ni.
2. Fe aethoch chi.   Fe gawsoch chi.
3. Fe aethon nhw.   Fe gawson nhw.

5. **Year - Blwyddyn** ('blynedd' after numbers)

2 years	- dwy flynedd	8 years	- wyth mlynedd
3 years	- tair blynedd	9 years	- naw mlynedd
4 years	- pedair blynedd	10 years	- deng mlynedd
5 years	- pum mlynedd	15 years	- pymtheng mlynedd
6 years	- chwech blynedd	20 years	- ugain mlynedd
7 years	- saith mlynedd	100 years	- can mlynedd

6. **PASSIVE** (Learn Parrot Fashion!)

1. I was born. (I received my birth)   - Fe ges i fy ngeni.
2. You were born.   - Fe gawsoch chi eich geni.
3. He/Dewi was born.   - Fe gafodd e/Dewi ei eni.
   She/Siân was born.   - Fe gafodd hi/Siân ei geni.

7. **PREPOSITIONS**

Some prepositions have personal forms in Welsh.
e.g. *'i'* (used in *Mae rhaid i ....*) and *ar* (*Mae peswch ar ....*) and *'gan'* (alternative for *'da*).

'i' (to/for)   **'ar' (on)**   **gan**

1. i fi (to/for me)   1. arnaf i (on me)   1. gen i
2. i ti/chi   2. arnat ti/arnoch chi   2. gen ti/gennych chi
3. iddo fe/fo   3. arno fe/fo   3. ganddo fo
   iddi hi   arni hi   ganddi hi

1. i ni   1. arnon ni   1. gennyn ni
2. i chi   2. arnoch chi   2. gennych chi
3. iddyn nhw   3. arnyn nhw   3. ganddyn nhw

8. **AILMENTS**

(a) **When no part of the body is mentioned:—**

I have a cold.   - Mae annwyd arnaf i.
Have you got 'flu?   - Oes ffliw arnoch chi?

(b) **When a part of the body is mentioned:—**

I have a headache.	- Mae pen tost 'da fi. (S.W.)	Mae 'da fi ben tost.
	Mae cur pen gen i (N.W.)	Mae gen i gur pen.
Have you got earache?	- Oes clust dost 'da chi? (S.W.)	Oes 'da chi glust dost?
	Oes pigyn clust gennych chi? (N.W)	Oes gennych chi bigyn clust?
I have a headache	- Mae pen tost da fi (S.W.)	Mae 'da fi ben tost
	- Mae cur pen gen i (N.W.)	Mae gen i ben tost

9. **The months of the year:—**

Mis Ionawr	Mis Ebrill	Mis Gorffennaf	Mis Hydref
Mis Chwefror	Mis Mai	Mis Awst	Mis Tachwedd
Mis Mawrth	Mis Mehefin	Mis Medi	Mis Rhagfyr

UNED 17

This unit deals with some important occasions in the calendar, and particular attention is paid to St. David's Day—Dydd Gŵyl Dewi/Ddewi.

A. 1. Some important occasions

Y Nadolig	- Christmas	Y Pasg	- Easter
Gŵyl Sain Steffan	- Boxing Day	Dydd Sul y Blodau	- Palm Sunday
or Dydd Bocsin		Dydd Sul y Pasg	- Easter Sunday
Dydd Calan	- New Year's Day	Dydd Llun y Pasg	- Easter Monday
Nos Galan	- New Year's Eve	Y Sulgwyn	- Whitsun
Dydd Gŵyl Ddewi	- St. David's Day		

You will note that the definite article (i.e. the) is used in front of the religious festivals.

2. Pryd mae Dydd Gŵyl Dewi? Mae Dydd Gŵyl Dewi ar **y cyntaf o Fawrth.**
(the first of March)
Note the Soft Mutation after *o* (of).

e.g. y cyntaf o **F**ai — 1 May (the first of May)
y cyntaf o **F**ehefin — 1 June
y cyntaf o **O**rffennaf — 1 July
y cyntaf o **F**edi — 1 September
y cyntaf o **D**achwedd — 1 November
y cyntaf o **R**agfyr — 1 December

3. Pwy ydy Dewi? - Who is Dewi?
Ydy - is followed by a definite subject (i.e. the boy, John, she, this).

e.g. Pwy ydy'r ferch? — Who's the girl?
Pwy ydy hi? — Who is she?

4. Dewi ydy nawddsant Cymru. — Dewi is the patron saint of Wales.
Note the construction: the patron saint of. In the Welsh equivalent there's neither *the* nor *of*.

e.g. the brother of Mary — brawd Mary
the father of John — tad John
Jane's work — gwaith Jane
Tom's house — tŷ Tom

5. Pwy ydy Sain (St.) George/Andrew/Padrig?
To answer the above questions learn the Welsh words for the following countries:

Lloegr   - England   Yr Alban   - Scotland
Iwerddon - Ireland

You will note that *Yr* - (the) precedes *Alban*.

6. Roedd Dewi Sant yn **enwog fel pregethwr** - *(famous as a preacher)* ac roedd e'n arfer **crwydro** - *(wander throughout)* Cymru ac yn **pregethu** - *(to preach/preaching)*.

7. Pwy oedd ei dad? Pwy oedd ei fam?
   (*Oedd* and not *roedd* should follow *Pwy?*)

   e.g. Pwy oedd Sain Padrig?
         Pwy oedd Sain Andrew?
         Pwy oedd Sain George?

8. The Welsh word for 'his' is *ei* and this *ei* can be supported by the pronoun *e* (*o* in N.W.) which can follow the noun.

   e.g. ei chwaer (e) - his sister
         ei annwyd (e) - his cold

   This *ei* is followed by a Soft Mutation

   e.g. ei frawd (e/o) - his brother   ei rieni (fe/fo)   - his parents
         ei dad (e)   - his father   ei gartref (e)   - his home
         ei fam (e)   - his mother   ei wallt (e)   - his hair
         ei blant (e)   - his children   ei ddwylo (fe)   - his hands

   The supporting pronoun becomes *fe* (or *fo* in N.W.) after a vowel.

9. Sant oedd tad Dewi a Non oedd ei fam e.

10. Roedd Dewi Sant yn byw yng Nglyn Rhosyn (Glyn Rhosyn in West Dyfed, formerly Pembrokeshire), ac **yno** *(there)* heddiw mae **Eglwys Gadeiriol Tyddewi** *(St. David's Cathedral)*.

    yno   - there
    eglwys gadeiriol   - cathedral

11. Pam mae Dydd Gŵyl Dewi ar y cyntaf o Fawrth? (Why is.....?)
    Learn these words:

    cofio am - to remember about   pam?   - why?
    dathlu   - to celebrate   achos   - because

Rydyn ni'n dathlu Dydd Gŵyl Dewi ar y cyntaf o Fawrth achos **bu farw Dewi Sant** *(St. David died)* ar y cyntaf o Fawrth 589.

Note the word *achos*. It's one of the Welsh words for 'because'.

e.g. Dydw i ddim yn gallu mynd achos mae'n bwrw.
Dydw i ddim eisiau dod achos rydw i wedi blino.

PAM? - Why? is followed by the same sort of verbs that follow *Ble?* and *Pryd?*

e.g. Pam mae annwyd arno fe?
-Why has he got a cold? (*lit.* Why is there a cold on him?)
Pam rwyt ti'n byw yn yr Alban?
- Why do you live in Scotland?

B. YR IAITH AR WAITH

1. Pryd mae Dydd Llun y Pasg?
2. Ble aethoch chi dros y Sulgwyn?
3. Pryd mae eich pen-blwydd?
   Mae fy mhen-blwydd ar y cyntaf o Awst.
4. Pwy ydyn nhw?
   Mr. a Mrs. Jones ydyn nhw.
5. Pwy ydy e?
   Tad Mair ydy e.
6. Wyt ti wedi bod yn Iwerddon?
7. Roedd Richard Burton yn enwog fel actor.
8. Ble mae ei frawd e'n byw?
9. Pam dwyt ti ddim yn mynd i'r ysgol heddiw?
   - achos mae annwyd arnaf i.
   - achos mae'n ddydd Sadwrn.

C. YMARFERION

(i) Llenwch y bylchau:-

1. Pryd Mae Dydd......y Blodau?
2. Pryd mae Dydd Llun y.......?
3. Mae Dydd.......Dewi ar y ....o Fawrth.
4. Pryd mae.......Sul......Pasg?

(ii) Using *Pwy?* ask *Who* the following are (according to the pattern of this example):
him - pwy ydy e?

1. them 2. her 3. you (fam.) 4. you (polite) 5. the children
6. his parents 7. John's sister

(iii) Pwy ydy : 1. Sain Andrew 2. Sain George 3. Sain Padrig?

(iv) Gofynnwch (Ask):- Sut mae ei ....(e)?

1. pen 2. cefn 3. braich 4. clust 5. troed 6. llaw 7. coes 8. peswch

(v) Cyfieithwch:-
1. Why are you wet?
2. Why have you (*fam.*) got a temperature?
3. Why did she buy that book?
4. Why don't they want to come?
5. Why are they celebrating?
6. Why did he go to live in Ireland?

UNED 18

In this unit we shall learn the familiar form of the command and speak about clothes.

A. 1. **Dillad dynion**-Men's Clothes

cot fach (b)	- a jacket
crys	- a shirt
siwmper (b)	- a sweater, a pullover
tei (g N.W. b S.W.)	- a tie
trwser	- trousers
cot fawr (b)	- overcoat
het (b)	- hat
siwt (b)	- suit
trowsus	- trousers

    You will notice that most short articles of clothing are feminine in gender!

  2. **DY** *(your)*
    You will remember the familiar form of *your-DY*. This causes a Soft Mutation.

dy drowsus	- your trousers
dy got	- your coat
dy grys	- your shirt

    e.g. Ble mae dy got? — Where is your coat?
    Rydw i'n hoffi dy grys. — I like your shirt.
    Roedd dy drowsus ar y llawr. — Your trousers were on the floor.

  3. **Dillad Merched** - Ladies' Clothes

blows/blowsen	- blouse
cardigan (b)	- a cardigan
esgid(-iau) (b)	- a shoe(s)
ffrog (b)	- a dress
gwisg (b)	- a suit, a dress
hosan (b)	- a sock, a stocking
pais (b)	- a petticoat, slip
sgert (b)	- a skirt
dodi	- to put
gwisgo	- to wear, to dress
tynnu dillad	- to undress, to take off clothes
hosanau ('sanau)	- socks
cwpwrdd dillad	- a wardrobe

4. **Familiar Commands**

   With regular verbs you simply add   - *a* to the stem.
   e.g. eistedd- to sit;   eistedda! - sit!
         gwisgo - to dress, wear;   gwisga! - dress! wear!
         tynnu - to take off, undress;   tynna!   - take off!

   e.g. Gwisga dy gardigan; mae hi'n oer! - Wear your cardigan; it's cold!
         Tynna dy esgidiau ar unwaith!   - Take off your shoes at once!
         Doda dy ddillad yn y cwpwrdd!   - Put your clothes in the cupboard!

   You will have noticed in the above examples that when we use the familiar (2nd person singular command form – *a*) we must also use the familiar form of the pronoun *dy* which always causes a Soft Mutation.

   e.g. Golcha *dy* bais!   - Wash your petticoat!
         Doda *dy* got yn y cwpwrdd dillad! - Put your coat in the wardrobe!

5. **Wrth y bwrdd**–At the table

bara menyn	- bread & butter	bwyta	- to eat
bwyd	- food	yfed	- to drink
diod (b)	- a drink	llaeth (S.W.)	- milk
te	- tea	llefrith (N.W.)	- milk
teisen (b)	- cake		

   e.g. Bwyta dy fwyd!   - Eat your food!
         Yfa dy laeth!   - Drink your milk!

6. **Codi yn y bore** - Getting up in the morning

   codi   - to rise, to get up
   dihuno (N.W. deffro)   - to wake up
   ar unwaith   - at once
   ymolchi   - to wash (oneself)

   e.g. Coda ar unwaith!   - Get up at once!
         Dihuna, mae hi'n wyth o'r gloch! - Wake up, it's 8 o'clock!

7. **O gwmpas y tŷ**   - Around the house

   dodi   - to put
   symud   - to move
   dodi X i gadw/i ffwrdd/heibio   - to put X away
   tacluso   - to tidy

   Enghreifftiau:

   Doda dy lyfrau i gadw!   - Put your books away!

Taclusa'r cwpwrdd!   - Tidy the cupboard!
Symuda'r papurau!   - Move the papers!

8. **MYND** (to go) **DOD** (to come)
   Both these common verb nouns are irregular. They also have different familiar command forms in North and South Wales.

   Mynd

   (S.W.) Cer! - Go!   Cer i!   - Go to!
   (N.W.) Dos! - Go!   Dos i!   - Go to!

   Dod

   (S.W.) Dere! (Der') - Come!   Dere i - Come to
   N.W. Tyrd! (Ty'd)   - Come!   Tyrd i - Come to

   | gwaith cartref | - homework | yn gyflym | - quickly |
   | gwely | - bed | 'nol | - fetch |

   e.g.   Cer/Dos i'r gwely ar unwaith!   - Go to bed at once!
           Dere/Tyrd yma i wisgo!   - Come here to dress!
           Cer/Dos i 'nôl dy got!   - Go to fetch your coat!
           Dere/Tyrd i wneud dy waith cartref!   - Come to do your homework!

9. **The Negative Command**

   The key word in giving the negative command is PAID or PAID Â. If you use PAID Â it is followed by an Aspirate Mutation.

        e.g. Paid â chanu! - Don't sing!

   However, in spoken Welsh you will very often hear: *Paid canu* (Don't sing); *Paid bod* (Don't be)...

bod	- to be	hir	- long
gweiddi	- to shout	hwyr	- late
taflu (S.W.)	- to throw	swnllyd	- noisy
lluchio (N.W.)	- to throw		

   e.g.   Paid bod yn hir!   - Don't be long!
           Paid gweiddi!   - Don't shout!
           Paid bod yn swnllyd!   - Don't be noisy!

B. **YR IAITH AR WAITH**

Carol: Rydw i'n hoffi dy got newydd.
John: Diolch, ac mae crys newydd 'da fi hefyd. Fe ges i e yn
            Abertawe ddydd Mawrth.

Carol: O!
John: Ond ble mae e nawr?
Carol: John, mae dy grys ar y gwely!
John: A ble mae fy nhei?
Carol: Yn y cwpwrdd. Edrycha!
John: Dydw i ddim yn gallu gweld dim.
Carol: Rydw i'n dod nawr. Dere di 'ma ac yfa dy de.
John: Does dim amser 'da fi.
Carol: *(O'r ystafell)* Mae dy ddillad yn y cwpwrdd dan fy nillad i.

C. YMARFERION

In this unit use the familiar (2nd person singular) form of *'you'*.

(i) Write sentences following this pattern:–
Gwisgo/cot - Gwisga dy got.

1. Tynnu/crys
2. Gwisgo/dillad
3. Golchi/trowsus
4. Yfed/coffi
5. Bwyta/bara menyn
6. Symud/esgidiau
7. Tacluso/stafell
8. Codi/llyfrau

(ii) Change these sentences into the negative form:–

1. Gwisga dy got!
2. Cer (Dos) i'r gwely nawr!
3. Tafla dy ddillad ar y llawr!
4. Dere i'r tŷ heno!
5. Coda'n hwyr!
6. Symuda'r papurau!
7. Dihuna'n gyflym!
8. Yfa'r ddiod!

(iii) Cyfieithwch/Translate:—

1. I like your tie.
2. Wear your suit today!
3. Take off your clothes and go to bed!
4. Put your shoes in the cupboard!
5. Move your blouse now!
6. Go to see the film!
7. Don't go to bed now!
8. Don't be noisy in school!
9. Don't be long coming to bed!
10. Don't drink and drive!

UNED 19

This unit deals entirely with questions using the *TI* form - (i.e. the 2nd person singular familiar).

A. 1. Many languages have two forms of the singular pronoun *you*.

    e.g.   French   - *'vous'*   and *'tu'*
            German   - *'Sie'*   and *'du'*
            Welsh   - *'chi'*   and *'ti'*

'CHI' (like *vous* and *Sie*) is used in the plural and also as a 'polite' singular form.

'TI' (like *tu* and *du*) is used as a familiar singular form - to address a child, a friend or a pet.

2. **PRESENT TENSE**

"**WYT TI + YN .....?**" - Are you/Do you?

losin	- sweets (S.W.)	hufen iâ	- ice-cream
fferins	- sweets (N.W.)	wedi blino	- tired
da da	- sweets (N.W.)	yn iawn	- O.K./alright
siocled	- chocolate		

    e.g. Wyt ti'n hoffi losin?   - Do you like sweets?
          Ydw.   - Yes (I do).
          Wyt ti eisiau hufen iâ?   - Do you want an ice cream?
          Ydw, os gwelwch chi'n dda.   - Yes, please.
          Wyt ti'n iawn?   - Are you alright?
          Ydw, diolch.   - Yes, thanks.
          Wyt ti wedi blino?   - Are you tired?
          Nac ydw.   - No.

(Notice you do not use *yn* with *wedi blino*.)

3. **PAST PERFECT TENSE**

'**WYT TI + WEDI....?**   - Have you...?

ysgrifennu	- to write	peintio	- to paint
tynnu llun	- to draw a picture	cael	- to have
at	- to (a person)	gwaith cartref	- homeword
diod	- a drink	brechdanau	- sandwiches

e.g. Wyt ti wedi cael cinio? - Have you had dinner?
Ydw, diolch. - Yes, thanks.
Wyt ti wedi ysgrifennu at John? - Have you written to John?
Nac ydw - ddim eto. - No, not yet.

4. **PAST IMPERFECT TENSE - (WAS/WERE)**

'OEDDET TI + YN.....? - Were you?

yn effro (N.W.) - awake   ar ddihun - awake (S.W.)
gorffen - to finish

e.g. Oeddet ti yn yr ysgol ddoe? - Were you in school yesterday?
Oeddwn. - Yes (I was).
Oeddet ti'n effro am ddeg o'r - Were you awake at ten o'clock last night?
gloch neithiwr?
Nac oeddwn. - No (I wasn't).

5. **PAST PRETERITE TENSE - (DID)**

(a) The ending of the stem of regular verbs is......-aist.

e.g. yfed (yf-) -Yfaist ti? -Did you drink?
darllen (darllen-) -Ddarllenaist ti? -Did you read?
gweld (gwel-) -Welaist ti? -Did you see?
Remember to mutate the verb in the question form.

(b) The familiar form of 'your' is *dy* and it causes a Soft Mutation.

e.g. cot - dy got (di) - your coat
gwaith - dy waith (di) - your work
diod - dy ddiod (di) - your drink

(c) The verb *gwneud* (to do/make) is irregular:
Wnest ti? - Did you do/make?

The verb *mynd* (to go) is also irregular:
Est ti? - Did you go?

(d) The reply to any question in the Past Preterite Tense is
Do - Yes   Naddo - No

e.g. Fwytaist ti dy frechdanau i gyd? - Did you eat all your sandwiches?
Do. - Yes (I did).

Wnest ti dy waith cartref? - Did you do your homework?
Naddo. - No (I didn't).

Orffennaist ti'r llyfr?   - Did you finish the book?
Do, neithiwr.   - Yes, last night.

6. *Ble?* (Where?); *Pryd?* (When?); *Beth?* (What?); *Pwy?* (WHO?); *Sut?* (How?); questions in the preterite Tense.

   Notice: Only *Beth?* and *Pwy?* cause the verb to mutate.

colli	- to lose
rhannu	- to divide (division)
gwrando ar stori	- to listen to a story
gwneud symiau	- to do sums
lluosi	- to multiply (multiplication)

   e.g. Beth wnest ti yn yr ysgol heddiw?   - What did you do in school today?
   Fe wnes i symiau, fe ddarllenais i,   - I did sums, I read, etc.
   etc.
   OR (Gwneud) symiau, darllen,   - (Do) sums, read, listen to a story.....
   gwrando ar stori.....

   Pwy welaist ti yn y dref?   -Whom did you see in town?
   John welais i yn y dref. *(emphatic)*   -(It is) John (whom) I saw in town.
   OR Fe welais i John yn y dref.   -I saw John in town.
   (natural)

   Ble collaist ti dy got?   -Where did you lose your coat?
   Ar y bws.   -On the bus.

   Pryd collaist ti hi?   -When did you lose it?
   Y prynhawn 'ma!   -This afternoon!

7. **The 'must' pattern**

Mae rhaid i ti	- You must/have to
Oes rhaid i ti?	- Do you have to
Roedd rhaid i ti	- You had to
Oedd rhaid i ti?	- Did you have to?

   e.g. Oes rhaid iti *f*ynd?   - Do you have to go?
   Oes!   - Yes!
   Oedd rhaid i ti *d*ynnu llun yn yr ysgol?   - Did you have to draw a picture in school?
   Oedd.   - Yes.

   Notice: the Soft Mutation which follows the *rhaid* pattern (mynd/fynd; tynnu/dynnu).

   e.g. Beth oedd rhaid i ti ei wneud heddiw?   - What did you have to do today?
   Darllen ac ysgrifennu.   - Read and write.

8. **Gaf i (pronounced Ga' i?) - May I/May I have?**

    e.g. Ga' i fynd allan?   - May I go out?
          Ga' i feic newydd?   - May I have a new bike?

    Notice: the Soft Mutation which follows *Ga' i* (mynd/fynd; beic/feic).

    Replies

    Cei!   - Yes (You may)!   - familiar
    Na chei!   - No (you may not)!   - familiar

    yn fach   - small   yn rhy fach   - too small
    yn hwyr   - late   yn rhy hwyr   - too late
    yn ddrud   - expensive   yn rhy ddrud   - too expensive
    yn ifanc   - young   yn rhy ifanc   - too young

    e.g. Ga' i fynd allan?   - May I go out?
          Na chei! Mae hi'n rhy hwyr.   - No! It is too late.

          Ga' i fynd i nofio?   - May I go swimming?
          Na chei! Rwyt ti'n rhy ifanc. - No! You are too young.

B. **YR IAITH AR WAITH**

1. Oeddet ti yn byw ym Machynlleth yn 1963?
    Oeddwn, roeddwn i'n byw yno yn 1963.

2. Beth wnest ti ddoe?
    Glanhau'r tŷ, darllen, cysgu...ac fe goginiais i.

3. Ga' i gar newydd?
    Na chei, mae e'n rhy ddrud.

4. Wyt ti'n aros yn y tŷ heno?
    Ydw. Rydw i wedi blino.

5. Ble est ti ar dy wyliau y llynedd?
    Fe es i i Aberdaron.

6. Pryd collaist ti dy lyfr?
    Fe gollais i fy llyfr yr wythnos ddiwethaf.

7. Wyt ti wedi gweld y ffilm 'Amadeus'?
    Nac ydw. Ydy hi'n ffilm dda?

8. Redaist ti yn y marathon yn Llundain eleni?
   Naddo. Redais i ddim yn y marathon.

9. Oedd rhaid i ti gerdded adre ddoe?
   Oedd. Roedd y bws wedi mynd.

10. Gysgaist ti'n dda neithiwr?
    Do, wir, diolch.

C. YMARFERION

(i) Cyfieithwch:-
   1. Do you like ice cream? Yes.
   2. Have you bought a new car? No.
   3. Do you have to go to Llandudno tomorrow? Yes.
   4. Did you send a card to Dewi? Yes.
   5. May I sit here? Yes.
   6. When did you break your leg?
   7. Were you at work (on) Saturday? No.
   8. Did you read in school today? No.
   9. What did you do this morning.?

(ii) Llenwch y bylchau:-
   1. .....ti'n hoffi cinio Nadolig? (Present)
   2. .....ti Tom Jones are y teledu? *(gweld)*
   3. Ble ..... ti ddoe? (imperfect)
   4. Pryd ..... ti i'r gwely neithiwr? *(mynd)*
   5. Beth ..... ti yn yr ysgol heddiw? *(gwneud)*

(iii) Atebwch:-
   1. Wyt ti wedi blino? (yes)
   2. Est ti i'r farchnad ddydd Gwener? (no)
   3. Wyt ti'n byw yng Nghymru? (yes)
   4. Yfaist ti'r coffi i gyd? (yes)
   5. Ga' i brynu losin? (no)
   6. Oes rhaid i ti ddysgu Rwsieg? (no)
   7. Oeddet ti'n chwarae tenis neithiwr? (yes)
   8. Oedd rhaid i ti gysgu ar y llawr? (yes)

UNED 20

In this unit you will learn how to describe the physical appearance of people and how to say that people are similar to/like each other.

A. 1. (a) tal - tall   byr - short
   tew - fat   tenau - thin

   (b) words to describe hair - *gwallt:*

tywyll	- dark	golau	- fair
syth	- straight	cyrliog	- curly
hir	- long	byr	- short
tonnog	- wavy	moel	- bald

   (c) mynd yn foel - to become bald (*lit.* going bald)

2. What sort of hair does Dafydd have?

   Note this construction:
   Pa fath o wallt... - What sort of hair...
   (*gwallt* has undergone a Soft Mutation after *o*)
   ...sy 'da/gan Dafydd? - ...does Dafydd have?
   c.f. Pa fath o dŷ/gar sy 'da/gan Dafydd? - What sort of house/car does Dafydd have?

   The possession *'da* or *gan* forms are used in the replies:

   e.g. Mae gwallt tywyll 'da fe/ganddo fo. - He has dark hair.

   Note how the adjective (*tywyll*) follows (rather than precedes) the noun in Welsh.

3. A possible alternative reply is to say:
   Mae ei wallt e'n dywyll. - His hair is dark.

4. But what if we want to say that: 'her' hair is dark', etc?
   The Welsh word for *her* is *ei* (c.f. *ei - his* which is followed by a Soft Mutation). *Ei* meaning *her* is followed by an Aspirate Mutation. Only 3 consonants are involved:— p>ph, t>th, c>ch,

   e.g. plant   - ei phlant (hi)
          tad   - ei thad (hi)
          cartref - ei chartref (hi)

   No other consonants are affected. Note also the optional supporting pronoun *hi*.

   e.g. Mae ei gwallt yn olau/dywyll.

   There is one other point worth noting about *ei* (her). If the word that follows this particular *ei* begins with a vowel then that vowel breeds the letter *h* in front of it in order to distinguish between the two similar words.

e.g. ei ysgol (e/o) - his school
ei hysgol (hi) - her school
ei athro (e/o) - his teacher
ei hathro (hi) - her teacher

5. **YN DEBYG I** - like/similar to

The preposition *i* follows *yn debyg*.

e.g. Ydy'r plant yn debyg i chi?
Mae Mair yn debyg i fi.

6. Sometimes we want to say, for example, that:
'She is like *her* father' or 'He is like *his* mother'. This means that *yn debyg i* will be followed by *ei* (his/her). *Yn debyg i ei* is not acceptable to the tongue and the words *i ei* have combined to form *i'w*. The same rules regarding mutation are in force, i.e. *ei/'w* (his) + Soft Mutation; *ei/'w* (her) + Aspirate Mutation.

e.g. i'w dad (e/o)   - to his father
i'w thad (hi)   - to her father
i'w fam   - to his mother
i'w mam   - to her mother
i'w frawd   - to his brother
i'w brawd   - to her brother

7. Note the questions:

(i) I bwy rydych chi'n debyg? - Whom are you like'?
i.e. *I bwy?*   - To whom? (*i* + Soft Mutation)

(ii) I bwy mae e'n debyg?   - Whom is he like?

8. **FEL** - like

Instead of using *yn debyg i* we could use *fel* (like).

e.g. Mae hi fel ei thad.
Mae e fel ei dad.
Mae hi'n fyr fel ei mam.
Mae e'n denau fel ei fam.

trwyn   - nose   llais   - voice
pen   - head   llygaid - eyes
gwallt - hair

e.g. Mae llygaid fel ei dad 'da fe/ganddo fo.
- He has eyes like his father.
Mae trwyn fel ei mam 'da hi/ganddi hi.
- She has a nose like her mother.

B. **YR IAITH AR WAITH**

1. Mae Mair yn dal ond mae ei brawd yn fyr.
2. Roedd e'n arfer bod yn denau.
3. Rydw i'n mynd yn foel.
4. Pa fath o wallt oedd 'da/gan Kojak? Mae e'n foel nawr.
5. Mae gwallt tywyll hir ganddi hi/'da hi?
6. Roedd ei wallt e'n hir ac yn gyrliog.
7. Mae gwallt golau 'da'i/gan ei phlant.
8. I bwy rwyt ti'n dcbyg?
   Rydw i'n debyg i fy mam, ond mae llygaid fel fy nhad 'da fi/gen i.
9. Ydy hi'n debyg i'w thad?
   Nac ydy, mae'n debyg i'w mam. Mae hi'n fyr fel ei mam.

C. **YMARFERION**

(i) Change the adjectives into the opposite and change the masculine *ei* into the feminine and *vice versa*.
   e.g. Mae e'n dal fel ei fam.
        Mae hi'n fyr fel ei mam.

   1. Mae hi'n dal fel ei mam.
   2. Mae e'n denau fel ei dad.
   3. Mae ei gwallt hi'n olau.
   4. Mae'n debyg i'w dad.

(ii) Give the opposite of the adjective in the following sentences:-
   e.g. Oes gwallt golau 'da/gan John? -
        Oes gwallt tywyll 'da/gan John?

   1. Oes gwallt hir 'da fe/ganddo fe?
   2. Ydy ei wallt e'n donnog?
   3. Ydy ei gwallt hi'n fyr?

(iii) You are asked: Pa fath o wallt sy 'da/ganddi hi?
   Reply, using these adjectives:-

   1. cyrliog 2. tywyll 3. golau 4. byr 5. syth

(iv) Ask: Ble mae ei .....hi?

   1. plant 2. tad 3. mam 4. cartref 5. coffi 6. ysgol 7. cot

(v) Using the construction: *yn debyg i* form sentences according to the pattern of this example: Alun/tad - Mae Alun yn debyg i'w dad.

    1. Alis/mam 2. Alis/brawd 3. Alun/brawd 4. Alun/mam 5. hi/tad
    6. e/tad-cu (taid) 7. hi/chwaer? 8. e/chwaer

(vi) Cyfieithwch:-

1. Whom is she like?
2. Whom is he like?
3. Whom are they like?
4. Is she tall like her father?
5. Is he short like his mother?
6. I have eyes like my parents.
7. They have a nose like my father.
8. I have a voice like my grandfather.

UNED 21

This time we are going to look at the different uses of THIS, THAT, THESE and THOSE, and also discuss ownership.

A. 1. THIS and THESE are conveyed by the pattern, **Y..... 'MA**.
'*MA* is an abbreviated form of *YMA* and the noun must *always* be preceded by the definite article (THE): *Y* (before a consonant), *YR* (before a vowel), *'R* (after a vowel).

    e.g.   Rydw i'n hoffi'r bag yma.   - I like this bag.
           Rydw i'n hoffi'r bagiau 'ma.   - We like these bags.
           Wyt ti wedi gweld yr eira 'ma? - Have you seen this snow?
           Mae e'n gweld y ferch 'ma.   - He sees this girl.
           Mae e'n gweld y merched 'ma. - He sees these girls.

ffilm (b)	- a film	darllen	- to read
llun	- a photograph	edrych (ar)	- to look (at)
llyfr	- a book	gweld	- to see
rhaglen (b)	- a programme	gwlychu	- to wet
		trochi (S.W.)	- to dirty

    e.g.   Dydw i ddim yn hoffi'r llun 'ma.
          - I don't like this photograph.
          Rydych chi wedi gwlychu'r dillad 'ma.
          - You have wet these clothes.

2. **Y .... 'NA** can refer to something visible (that/those) or something that has just been referred to.

    e.g.   Wyt ti'n cofio'r dyn 'na?
          - Do you remember that man?
          Ydy e wedi cofio'r papurau 'na?
          - Has he remembered those papers?
          Fe welais i'r dyn 'na o Abertawe heddiw.
          - I saw that man from Swansea today.

Here are some common expressions of time that use the same pattern.

y bore 'ma	- this morning
y prynhawn 'ma	- this afternoon
y mis 'ma	- this month

Remember, however, that:

this year	is ELENI.
this evening	is HENO.
and today (this day)	is HEDDIW.

3. **OWNERSHIP**

   Y...'MA/'NA are commonly used when discussing ownership. Note this pattern:

   e.g. Pwy biau'r llyfr 'ma?   - Who owns this book? *or* Whose is the book?
         Pwy biau'r tŷ 'na?   - Who owns that house?

4. In replying to this question you may just name the person.

   e.g. Pwy biau'r car 'ma? Tom.   - Who owns this car? Tom.
         Pwy biau'r tŷ 'ma? Mrs. Jones.   - Who owns that house? Mrs. Jones.

   The reply in full is:

   e.g. Tom biau'r car 'ma.   - John owns this car.
         Mrs. Jones biau'r tŷ 'na.   - That house is Mrs. Jones's.

5. Often we won't want to use the noun but a pronoun.

   e.g. Who owns this house? Me.

   Here is a list of the pronouns you will need.

fi	- me	ni	- us
ti	- you	chi	- you
fe (S.W.)	- him	nhw	- them
/fo (N.W.)			

   Pwy biau'r pen 'ma? Fi.   - Who owns this pen? Me. (I do)
   Pwy biau'r papurau 'ma? Nhw.   - Who owns these papers? Them. (They do)
   Pwy biau'r dei 'ma? Fe.   - Who owns this tie? Him. (He does)

6. Sometimes we point to an object and ask "What is that?" or pick something up and enquire "What is this?" In the same way we can refer to people, "Who's that?" or "I know her" (this one).

   In this context we use:

   HWN (when referring to males or masculine nouns)
   HON (when referring to females or feminine nouns)

   e.g. llyfr (g)   - Pwy biau hwn?
         pais (b)   - Pwy biau hon?
         crys (g)   - Rydw i'n hoffi hwn.
         ffrog (b)   - Rydw i'n hoffi hon.
         Mae hwn yn dywyll.   - This one (male) is dark.
         Mae hon yn olau.   - This one (female) is fair.

In written Welsh you will often see *y ferch hon* (this girl) or *y llyfr hwn* (this book). In spoken Welsh however, the normal pattern is *y ferch 'ma* and *y llyfr 'ma*.
This is a lot easier as you don't have to worry at all about gender.

7. The corresponding plural forms (when nouns are not used) are:
   Y RHAIN (these)   Y RHEINA (those)

   e.g. Pwy biau'r rhain?   - Whose are these?
         Pwy biau'r rheina? - Who owns those?

   Remember that when you use *hwn, hon, y rhain, y rheina* you are referring to specific objects or people and very often pointing at them.

B. YR IAITH AR WAITH

Carol:	Mae'r bwyd 'ma'n hyfryd.
Dewi:	Ydy, ac rydw i'n hoffi'r gwesty 'ma hefyd.
Carol:	Wyt ti wedi gweld y darlun 'na ar y wal? Edrycha, yn y cornel.
Dewi:	Nac ydw. Mae rhaid i ni fynd i edrych nawr. Dere.
Carol:	*(wrth y darlun)* Mae hwn yn hyfryd.
Dewi:	Ydy. Mae'r ceffyl 'na'n edrych yn fyw.
Carol:	Constable ydy'r artist, rydw i'n siŵr.
Dewi:	Dwyt ti ddim yn iawn. Stubbs ydy'r artist. Mae enw Stubbs ar y darlun. Edrycha, yn y cornel.
Carol:	Rwyt ti'n iawn. Ond dere i fwyta dy fwyd. Mae e'n mynd yn oer.
Dewi:	Wel, paid â siarad, Carol!
Carol:	Ond mae merched yn hoffi siarad!
Dewi:	O, rydw i'n hoffi'r stafell 'ma a'r darlun 'na.
Carol:	Rwyt ti'n siarad nawr. Paid â bod yn swnllyd, Dewi. Mae'r dyn 'na'n edrych.
Dewi:	Pwy?
Carol:	Hwnna yn eistedd yn y cornel.
Dewi:	Arhosa funud. Rydw i'n nabod hwnna. Tom Williams ydy e.
Carol:	Paid â mynd, Dewi. Arhosa 'ma a bwyta dy fwyd. Mae e'n mynd yn oer. Dynion!

C. YMARFERION

(i) Ysgrifennwch y canlynol ar ôl (Write the following after):—
    Rydw i'n hoffi (I like) *and* Rydw i wedi gweld (I have seen) alternately:—

    1. this boy
    2. that book

3. these clothes
4. those papers
5. this record
6. that shop
7. these boys
8. those photographs

(ii) Ysgrifennwch ble rydych chi'n mynd. (Write down where you are going):—

1. this morning
2. today
3. this afternoon
4. tonight
5. this year
6. this month

(iii) Write questions asking who owns the following objects, and reply as directed
e.g.   this book/him   Pwy biau'r llyfr 'ma? Fe.

1. that house/him
2. this food/us
3. that dress/her
4. this tea/me
5. that photograph/you (sing.)
6. these clothes/the children
7. those programmes/them
8. this pen/Tom

(iv) Write sentences following the pattern of the examples:—
Pwy biau'r llyfr 'ma? Pwy biau hwn?
Pwy biau'r llyfrau 'na? Pwy biau'r rheina?

1. Pwy biau'r car 'ma?
2. Tom biau'r dillad 'na.
3. Fi biau'r trowsus 'na.
4. Nhw biau'r ddiod 'ma.
5. Sam biau'r llyfrau 'ma.
6. Hi biau'r ffrog 'ma.

UNED 22

The long form of the Future Tense.

A. 1. *3rd person singular* — **BYDD E/HI** (He/She will be)
Present Tense–*mae/ydy/sydd*
Future Tense–*bydd*

    (a) **Notice:–** As in the Past Preterite Tense *Fe/Mi* is usually used in front of the verb — causing a Soft Mutation.

e.g.	Mae Dewi'n gweithio heno.	- Dewi is working tonight.
	Fe fydd Dewi'n gweithio heno.	- Dewi will be working tonight.
	Mae e'n hoffi'r car newydd.	- He likes the new car.
	Fe fydd e'n hoffi'r car newydd.	- He will like the new car.

    (b) Questions using *Beth? Pwy? Ble? Sut? Faint? Pryd?* etc.

Notice:– 1. These interrogatives or question words take the place of *Fe/Mi*.
        2. Only *Pwy? Beth?* and *Faint?* cause a Soft Mutation.

e.g.	Faint ydy oed Alis?	- How old is Alis?
	Faint fydd oed Alis?	- How old will Alis be?
	Pryd mae hi'n bump oed?	- When is she five?
	Pryd bydd hi'n bump oed?	- When will she be five?
	Ble mae Siân?	- Where is Siân?
	Ble bydd Siân?	- Where will Siân be?

2. *1st person singular*–**BYDDAF I** (I will be)

yfory	- tomorrow
bore yfory	- tomorrow morning
yr wythnos nesaf	- next week
y flwyddyn nesaf	- next year
nos yfory	- tomorrow night
prynhawn yfory	- tomorrow afternoon
y mis nesaf	- next month

Notice:– The final '*f*' on words is not normally heard in spoken Welsh.

    e.g. *adre'* (home); *tre'* (town); *pentre'* (village); *ga' i?* (may I?); *nesa'* (next); *fe fydda' i* (I will be)

e.g.	Rydw i'n mynd i Lundain.	- I am going to London.
	Fe fydda' i'n mynd i Lundain.	- I will be going to London.
	Rydw i'n gweithio.	- I'm working.
	Fe fydda' i'n gweithio.	- I will be working.

3. *2nd person singular* **BYDDWCH CHI** (You will be)
   BYDDI DI (familiar form)

   (*BYDDWCH CHI* is also used in 2nd person plural.)

   e.g. Rydych chi'n gweithio yfory.   - You are working tomorrow.
   Mi fyddwch chi'n gweithio yfory.   - You will be working tomorrow.
   Ble rwyt ti'n gweithio?   - Where are you working?
   Ble byddi di'n gweithio?   - Where will you be working?

4. *1st person plural* **BYDDWN NI** (WE WILL BE)

   e.g. Rydyn ni'n mynd i nofio.   - We are going swimming.
   Fe fyddwn ni'n mynd i nofio.   - We will be going swimming.
   Pryd rydyn ni'n cael parti?   - When are we having a party?
   Pryd byddwn ni'n cael parti?   - When will we be having a party?

5. *3rd person plural* **BYDDAN NHW** (THEY WILL BE)

   e.g. Maen nhw'n codi'n gynnar.   - They get up early.
   Fe fyddan nhw'n codi'n gynnar. - They will be getting up early.
   Sut maen nhw'n dod?   - How are they coming?
   Sut byddan nhw'n dod?   - How will they be coming?

6. **The Negative form**

   Singular

   1. Fe/Mi fydda' i ----   1. Fydda' i ddim (I won't be)
   2. Fe fyddi di ----   2. Fyddi di ddim
      Fe fyddwch chi ----   Fyddwch chi ddim
   3. Fe fydd e/hi ----   3. Fydd e/hi ddim
      Fe fydd y plant ----   Fydd y plant ddim

   Plural

   1. Fe fyddwn ni ----   1. Fyddwn ni ddim
   2. Fe fyddwch chi ----   2. Fyddwch chi ddim
   3. Fe fyddan nhw ----   3. Fyddan nhw ddim

   e.g. Fe fydda' i'n mynd allan heno.   - I'll be going out tonight.
   Fydda'i ddim yn mynd allan heno. - I won't be going out tonight.
   Mi fydd Basil yn y gwaith yfory. - Basil will be at work tomorrow.
   Fydd Basil ddim yn y gwaith yfory. - Basil won't be at work tomorrow.

B. **YR IAITH AR WAITH**

Ann: Carol, fyddwch chi a'r teulu yn mynd ar eich gwyliau eleni?
Carol: Byddwn. Fe fyddwn ni'n mynd i Sbaen.

Ann:	Sut byddwch chi'n mynd?
Carol:	Fe fyddwn ni'n mynd yn y car.
Ann:	A ble byddwch chi'n aros?
Carol:	Mewn pabell. Mae'r plant yn hoffi gwersylla.
Ann:	Fyddwch chi'n gyrru'r car yr holl ffordd *(all the way)* i Sbaen, Carol?
Carol:	Na fydda'. Fe fydd Dewi yn gyrru rhan o'r ffordd *(part of the way)* hefyd. Fyddwn ni ddim yn gyrru yr holl ffordd i Sbaen mewn un dydd. Fe fyddwn ni'n aros yn rhywle ar y ffordd.
Ann:	Ydy'r merched wedi bod yn gwersylla yng Ngwersyll yr Urdd yn Llangrannog eto?
Carol:	Nac ydyn. Maen nhw'n rhy ifanc. Ond fe fyddan nhw'n mynd yno, rydw i'n siŵr.
Ann:	Fyddwch chi'n prynu dillad newydd i fynd i Sbaen, Carol?
Carol:	Byddwn. Yn anffodus *(unfortunately)*, fe fydd rhaid i ni i gyd brynu dillad haf newydd.
Ann:	Pa fath o ddillad byddwch chi'n eu prynu?
Carol:	Fe fydda' i'n prynu ffrogiau ysgafn i'r merched ac i fi a chrysau ysgafn i Dewi. Fydd e ddim yn mynd i siopa – fe fydd rhaid i fi brynu crysau iddo fe.
Ann:	Dynion!

C. YMARFERION

(i) Turn into the Future Tense:–

1. Mae Elizabeth Taylor yn dod i Gaerdydd.
2. Dydy hi ddim yn mynd i Aberystwyth.
3. Rydw i'n aros mewn bwthyn.
4. Rydych chi'n symud i Fachynlleth.
5. Dwyt ti ddim yn effro.
6. Dydw i ddim yn mynd i'r gwaith y bore 'ma.
7. Pryd rydyn ni'n cael cinio?
8. Mae'r plant yn gwersylla.
9. Ble mae'r Eisteddfod eleni?
10. Dydyn nhw ddim yn addurno'r lolfa.

(ii) Llenwch y bylchau gan ddefnyddio'r Amser Dyfodol.
(Fill in the blanks using Future Tense):–

1. Mi ————— y dillad yn wlyb.
2. Sut byddan ————'n dod?
3. Ble ————— chi'n aros?
4. Fe ————— ni'n mynd allan.
5. ————— di ddim yn cael coffi.

(iii) Lluniwch frawddegau yn yr Amser Dyfodol.
(Form Future Tense sentences using these key words):–

1. chi—cael—cinio poeth.
2. pryd—ni—gorffen.
3. hi—eistedd—drws.
4. nhw—ddim—gartref.
5. ble—di—cysgu.

(iv) Cyfieithwch:–

1. How will she come?
2. I won't be here tomorrow.
3. They will be looking at the television.
4. Where will you (*chi*) be singing?
5. The children will have to work hard.

(v) Atebwch yn llawn (Answer in full):–

1. Pryd bydd y bechgyn yn cael cinio? (1.00 p.m.)
2. Sut byddwch chi'n teithio. (aeroplane)
3. Ble byddaf i'n cysgu? (on the floor)
4. Beth fyddi di'n ei gael i frecwast? (bacon)
5. Pwy fydd Basil yn ei weld heno? (the Headmaster).

UNED 23

In this unit you are taught to ask questions which refer to the future.

A. 1.
    dros y Sul — over the weekend
    yn ystod y penwythnos — during the weekend
    rhywle — somewhere
    i rywle — to somewhere
    i mewn — in
    allan (N.W.)/ma's (S.W.) — out
    gyda — with/in the company of

2. **'Will I be handsome? Will I be rich?'**
You know how to make such statements as:
Fe/Mi fyddaf i'n dod. — I'll be coming.
Fe/Mi fydd e/o yn yr ysgol. — He'll be in school.

To ask questions using the future form of *BOD - to be* simply drop the positive marker *fe* (or *mi*) and keep the Soft Mutation that *fe* (or *mi*) has caused, i.e. instead of using the initial consonant *B* as in *BOD*, use *F*. Look at these questions very carefully:

Singular

1. Fyddaf i? — Will I be?
2. Fyddi di? (fam.) — Will you be?
3. Fydd e? — Will he be?
   Fydd hi? — Will she be?
   Fydd y plant? — Will the children be?

Plural

1. Fyddwn ni? — Will we be?
2. Fyddwch chi? — Will you be?
3. Fyddan nhw? — Will they be?

e.g. Fyddi di'n mynd i rywle dros y Sul? — Will you be going somewhere over the weekend?
     Fyddi di i mewn? — Will you be in?
     Fyddan nhw ma's? — Will they be out?
     Fydd y plant gyda ti? — Will the children be with you?

3. **YES,** (I will be), etc., **NO,** (I won't be), etc.
You are aware by now that saying *Yes* and *No* in Welsh has its complications.

Byddaf	- Yes (I will be)
Byddi	- Yes (You will be)
Bydd	- Yes (He/she/it will be)
Byddwn	- Yes (we will be)
Byddwch	- Yes (you will be)
Byddan	- Yes (they will be)

i.e. the original consonant of *b* as in *bod* is used.

4. The *No* replies, are slightly different.

Na fyddaf	- No (I won't be)
Na fyddan	- No (they won't be)

i.e. the original *b* consonant in *bod* has undergone a Soft Mutation after *Na*.
Here are some examples:

Fyddi di i mewn heno?	- Byddaf.
Fydd y plant yn mynd gyda ti?	- Na fyddan.
Fyddwch chi'n gallu dod?	- Byddwn.

5. **Ble? Pryd? Sut? Pwy? Beth?**

Question words can be placed in front of these future forms. With the exception of *Beth?* (What?) and *Pwy?* - (Who?) the question forms of the future verb begin with the consonant *b* (as in *BOD)*.

e.g. Ble **b**yddi di am un o'r gloch?	- Where will you be at one o'clock?
Pryd **b**yddan nhw'n cyrraedd?	- When will they be arriving?
Sut **b**ydd hi'n dod?	- How will she be coming?

The verb that follow *Beth?* and *Pwy?* begins with the consonant *f*.

e.g. Pwy **f**ydd yn y tŷ?	- Who will be in the house?
Beth **f**yddi di'n ei wneud yn Llundain?	- What will you be doing in London?

6. **Rhagor o eirfa**   **- More vocabulary**

i ffwrdd	- away
rhywbryd	- sometime
mynd â	- to take
'nôl	- back
ar fy mhen fy hunan	- on my own
gadael	- to leave
hwyr	- late
cynnar	- early
dal	- to catch
gallu	- to be able/can

e.g. Fyddi di'n mynd â'r plant i rywle?   - Will you be taking the children somewhere?

Fydd y trên yn gynnar?   - Will the train be early?
Fyddwch chi'n mynd i ffwrdd dros y Sul?   - Will you be going away over the weekend?

Pryd byddan nhw'n dod 'nôl?   - When will they be coming back?

B. YR IAITH AR WAITH

1. Fyddi di'n mynd i rywle dros y Sul?
   Byddaf.
2. Ble byddi di'n mynd?
   Fe fyddaf i a'r wraig a'r plant yn mynd i Lundain.
3. Sut byddwch chi'n mynd?
   Fe fyddwn ni'n mynd ar y trên.
4. Fyddwch chi'n aros yn Llundain?
   Na fyddwn. Fe fyddwn ni'n dod 'nôl ar ôl te *(after tea)*. Fyddwn ni ddim yn hwyr achos mae gwaith 'da fi ddydd Llun.
5. Pryd byddwch chi'n gadael yn y bore?
   Fe fyddwn ni'n gadael am naw o'r gloch ac fe fyddwn ni yn Llundain am hanner awr wedi un ar ddeg.
6. Beth fyddwch chi'n ei wneud yno?
   Fe fydd y plant eisiau mynd i weld Madame Tussauds.

C. YMARFERION

(i) Ask *Will?* questions based on the following example: them? - fyddan nhw?

    1. him?   2. she?   3. we?   4. I?   5. the children?   6. the train?
    7. you (polite)?   8. you (fam.)?

(ii) Atebwch yn y cadarnhaol. (Reply *Yes* to these questions):-

    1. Fydd y trên yn hwyr?
    2. Fyddi di'n gynnar?
    3. Fyddan nhw yno?
    4. Fyddwch chi'n (singl.) gallu dod?
    5. Fydd y plant yn dod gyda ti?

(iii) Ask the relevant question in view of the answers that are given:-
    e.g. Fe fydd y trên yn dod *am un o'r gloch.* - *Pryd* bydd y trên yn dod?

1. Fe fyddan nhw *yn y tŷ*.
2. Fe fydd yr ysgol yn dechrau *am naw o'r gloch*.
3. Fe fydda i'n mynd *ar y trên*.
4. Fe fydd *John a Mair* yno.
5. Fe fyddan nhw'n *chwarae*.

(iv) Cyfieithwch:-
1. Will you (*fam.*) be going away over the weekend?
2. Will they be taking the children?
3. When will she be coming back?
4. Will I be there on my own?
5. When will we be leaving?
6. We won't be late.
7. Will you be early.
8. We will be catching the train at two o'clock.
9. Will the children be able to come?

UNED 24

In this unit we shall look at things we are supposed to do and how to reply to certain questions.

A. 1. **I FOD I** - Supposed to

This is a new phrase but you will remember that *i* causes a Soft Mutation.

e.g. Mae e i fod i fynd.   - He is supposed to go.
Roedd hi i fod i ganu.   - She was supposed to sing.
Rydw i fod i gael cinio.   - I'm supposed to have dinner.

In the last example you will have noticed that there is no need to say 'Rydw *i i* fod i gael'. One *i* will suffice.

This is a phrase we shall need when there are things we are supposed to do or rules we should keep. Here are some things we should do when:—

2. **CROESI'R FFORDD** - Crossing the road

aros   - to stay/stop/wait
edrych i'r chwith   - to look to the left
edrych i'r dde   - to look to the right
croesi'n gyflym   - to cross quickly

You can, of course, use this phrase in a negative sentence.

e.g. Dydych chi ddim i fod i aros.
- You are not supposed to stop.
Dydyn nhw ddim i fod i redeg ar draws yr heol/y ffordd.
- They aren't supposed to run across the road.

3. **GYRRU'R CAR** - Driving the car

Here are some things you are supposed to do when driving.

cychwyn (N.W.) dechrau (S.W.) y car   - to start the car
edrych yn y drych   - to look in the mirror
rhoi arwydd   - to give a signal
arafu   - to slow down
symud yn ofalus   - to move carefully
mynd yn araf   - to go slowly

4. **CYN MYND AR EICH GWYLIAU** - Before going on holiday

e.g. Beth rydych chi i fod i'w wneud?   - What are you supposed to do?
Beth mae e i fod i'w wisgo?   - What is he supposed to wear?
Beth roedd e i fod i'w ddweud?   - What was he supposed to say?

Note the use of *i'w* (pronounced *i*) after the question word *Beth*?

cau'r ffenestri - to close the windows
cloi'r drysau - to lock the doors
dweud wrth yr heddlu - to tell the police
stopio'r llaeth (S.W.)/llefrith (N.W.) - to stop the milk
stopio'r papurau - to stop the papers

5. **IE/NAGE**

You will have noticed that the words YES/NO vary in Welsh according to the nature of the statement or question.

e.g. Oes car 'da chi? - Oes/Nac oes.
      Ydy e yn y tŷ? - Ydy/Nac ydy.

Sometimes a question won't begin with a verb at all but with:

(a) a noun - John ydy e? (Is he John?)
(b) an adjective - Coch oedd e? (Was it red?)
(c) an abverbial expression - Yn Sbaen mae e? (Is he in Spain?)

In all these cases irrespective of the tense of the verb in the body of the sentence, the YES/NO answer is always *IE* or *NAGE*.

e.g. Mrs. Jones? Ie.
      -Mrs. Jones? Yes. (In answering a telephone perhaps.)
      O Aberystwyth mae Tom? Nage.
      -It is from Aberystwyth Tom is? No.
      T. Rowland Hughes 'sgrifennodd 'Chwalfa'? Ie.
      -Was it T. Rowland Hughes who wrote 'Chwalfa'? Yes.

This construction is used when one wishes to emphasize one part of the sentence. In the above examples *Mrs. Jones, O Aberystwyth* and *T. Rowland Hughes* were emphasized.

6. Let's look at some examples in the past tense:

Ti dorrodd y ffenest? - Was it you who broke the window?
Fe gloiodd y drws? - Was it he who locked the door?
Nhw stopiodd y papur? - Was it they who stopped the paper?

The pronouns as you will remember are:
Fi (me), *Ti* (you), *Fe* (S.W.), *Fo* (N.W.) (him), *Hi* (her), *Ni* (us), *Chi* (you), *Nhw* (they). Notice also, the way in which the following verb undergoes Soft Mutation:
Fe brynodd y tŷ? - Was it he who bought the house?

7. The final point to note is that the verb remains in the third person singular whatever the subject of the sentence happens to be.

e.g. NHW **olchodd** y car? - Was it they who washed the car?

8. Here are the names of some countries. You have already seen some of them:

Ffrainc	- France	Iwerddon	- Ireland
Sbaen	- Spain	Lloegr	- England
Yr Almaen	- Germany	Yr Alban	- Scotland
Yr Eidal	- Italy		

   e.g. Yn yr Almaen mae Bonn?   Ie.
   Yn Ffrainc mae Madrid?   Nage.
   Yn Iwerddon mae Belfast?   Ie.

B. YR IAITH AR WAITH

Carol: Rydw i'n mynd ar fy ngwyliau yfory.
Siân: I ble? I Ffrainc?
Carol: Nage, i Sbaen.
Siân: Beth mae rhaid i ti ei wneud yr wythnos 'ma?
Carol: Rydw i fod i brynu ffrog a gwisg nofio.
Siân: Yn siop Hughes?
Carol: Nage, yng Nghaerdydd.
Siân: Hyfryd! Oes rhywun yn mynd i aros yn y tŷ?
Carol: Nac oes.
Siân: Wel, rwyt ti i fod iddweud wrth yr heddlu, cofia.
Carol: Rydw i wedi ffonio'r heddlu y bore 'ma.
Siân: Da iawn, ond rwyt ti i fod i stopio'r llaeth a'r papurau hefyd.
Carol: Fe welais i'r dyn llaeth ddoe ac fe es i'r siop bapurau y prynhawn 'ma. Fe brynais i'r rhain yn y siop.
Siân: Map o Sbaen?
Carol: Ie, a nofel.
Siân: Dwyt ti ddim yn mynd i weithio, rwy'n gweld.
Carol: Nac ydw, dim ond yfed, bwyta, darllen a mwynhau.
Siân: Rwyt ti'n lwcus. Mae rhaid i fi weithio.
Carol: Wel rydyn ni i fod i fwynhau gwyliau!
Siân: Rwyt ti'n iawn.

C. YMARFERION

(i) Write 3 things you are supposed to do:—
   1. When crossing the road.
   2. When going on holiday.
   3. When driving a car.

(ii) Write 6 things you and other members of your family are supposed to do this week.

(iii) Atebwch:—
   1. Shakespeare 'sgrifennodd Hamlet?

2. Yn Iwerddon mae Coventry?
3. Coch ydy lliw tim Cymru?
4. Papur dydd Sul ydy'r *Sun*?
5. O Gymru roedd Richard Burton?
6. Chi brynodd Rolls Royce?

(iv) 'Sgrifennwch 3 chwestiwn a'r ateb *IE* iddyn nhw a 3 a'r ateb *NAGE*. (Write 3 questions each to which you would reply *IE* and *NAGE*.)

CRYNODEB O RAMADEG UNEDAU 17-24
SUMMARY OF GRAMMAR UNITS 17-24

1. **Yes/No replies in all tenses**

   a) **Present Tense**

   1. Ydw i'n dysgu?   - Ydych/Wyt
   2. Wyt ti'n dysgu?   - Ydw
       Ydych chi'n dysgu?   - Ydw
   3. Ydy e/hi'n dysgu?   - Ydy

   1. Ydyn ni'n dysgu?   - Ydyn/ydych
   2. Ydych chi'n dysgu?   - Ydych
   3. Ydyn nhw'n dysgu?   - Ydyn

   (NO = Nad ydyn, Nac ydw etc.)

   b) **Perfect (Long) Tense**

   1. Ydw i wedi dysgu?   - Ydych/Wyt
   2. Wyt ti wedi dysgu?   - Ydw
       Ydych chi wedi dysgu?   - Ydw
   3. Ydy e/hi wedi dysgu?   - Ydy

   1. Ydyn ni wedi dysgu?   - Ydyn/ydych
   2. Ydych chi wedi dysgu?   - Ydyn
   3. Ydyn nhw wedi dysgu?   - Ydyn

   (NO = Nac ydyn, Nac ydy etc.)

   c) **Imperfect Tense**

   1. Oeddwn i'n dysgu?   - Oeddech/Oeddet
   2. Oeddet ti'n dysgu?   - Oeddwn
       Oeddech chi'n dysgu?   - Oeddwn
   3. Oedd e/hi'n dysgu?   - Oedd

   1. Oedden ni'n dysgu?   - Oedden/Oeddech
   2. Oeddech chi'n dysgu?   - Oedden
   3. Oedden nhw'n dysgu?   - Oedden

   d) **Pluperfect Tense**

   1. Oeddwn i wedi dysgu?   - Oeddech/oeddet
   2. Oeddet ti wedi dysgu?   - Oeddwn
       Oeddech chi wedi dysgu?   - Oeddwn
   3. Oedd e/hi wedi dysgu?   - Oedd

1. Oedden ni wedi dysgu?   - Oedden/oeddech
2. Oeddech chi wedi dysgu?   - Oedden
3. Oedden nhw wedi dysgu?   - Oedden

(NO = Nac oeddech etc.)

e) **Preterite Tense (short)**

1. Ddysgais i?   Do (Yes)   Naddo (No)
2. Ddysgaist ti?
   Ddysgoch chi?
3. Ddysgodd e/hi?

1. Ddysgon ni?
2. Ddysgoch chi?
3. Ddysgon nhw?

f) **Future Tense (Long Form)**

1. Fyddaf i?   - Byddwch (Na fyddwch)
2. Fyddi di?   - Byddi (Na fyddi)
   Fyddwch chi?   - Bydda(f) (Na fydda(f))
        - Bydda(f) (Na fydda (f))
3. Fydd e/hi?   - Bydd (na fydd)

1. Fyddwn ni?   - Byddwn (Na fyddwn)
        - Byddwch (Na fyddwch)
2. Fyddwch chi?   - Byddwn (Na fyddwn)
3. Fyddan nhw?   - Byddan (Na fyddan)

g) **Present Tense - Indefinite**

Oes? = Is there/Are there?   - Oes Nac oes

2. **Command form of verbs - Singular familiar form:**

a) **Regular**

Add - *a* to stem of verb:-

yfed   - yfa!
rhedeg   - rheda!
darllen   - darllena!

b) **Irregular**

No general pattern:-

       mynd (to go)   - cer! dos!
       dod (to come)   - dere! tyrd!
       bod (to be)   - bydd!

  c) **Negative**

     Paid!
     Paid yfed! Paid Rhedeg! Paid mynd!
     (alternative form not yet taught-*paid ag yfed! paid â rhedeg! Paid â mynd!*)

3. **May I?**

    Gaf i?   - May I have/May I...?

    Cei   - Yes, you (sing. form) may
    Na chei   - No, you (sing. form) may not

4. **Iawn (very)/eithaf (quite)/rhy (too)/digon (enough)**

    poeth (yn boeth)   - hot
    yn boeth iawn   - very hot
    yn eithaf poeth   - quite hot
    yn rhy boeth   - too hot (rhy + S.M.)
    yn ddigon poeth   -hot enough

5. **ei (his)/ei (her)/eu (their)**

  a) **ei (his) is followed by a Soft Mutation**

     e.g.   tŷ   - ei dŷ (e)
          car   - ei gar (e)

  b) **ei (her) is followed by an Aspirate Mutation**

     e.g.   tŷ   - ei thŷ (hi)
          car   - ei char (hi)

  c) **eu (their) does not cause a mutation**

     e.g.   tŷ   - eu tŷ (nhw)
          car   - eu car (nhw)

  d) **ei/eu both change to 'w after i (to)**

     e.g.   to his house   - i ei dŷ (e)   >i'w dŷ (e)
          to her car   - i ei char (hi)   > i'w char (hi)
          *to their car   - i eu car (nhw)   >i'w car (nhw)

          (* not yet taught)

6. a) **this, that, these, those (used with a noun)**

this book	- y llyfr 'ma (yma)
these books	- y llyfrau 'ma
that book	- y llyfr 'na (yna)
those books	- y llyfrau 'na

    b) **this, that, these, those, (used on their own)**
    (The object is visible and we could point to it)

this (masc. one)	- hwn	e.g. Beth ydy hwn?
this (fem. one)	- hon	e.g. Beth ydy hon?
these	- y rhain	e.g. Pwy brynodd y rhain?
that (masc. one)	- hwnna	e.g. Rydw i'n hoffi hwnna.
that (fem. one)	- honna	e.g. Rydw i'n hoffi honna.
these	- y rheina	e.g. Rydw i'n hoffi y rheina.

7. **Future Tense of verb 'to be' (+ 'dysgu' as an example)**
    (I will be learning/teaching etc.)

Affirmative

1. Fe fydda' i'n dysgu
2. Fe fyddi di'n dysgu
   Fe fyddwch chi'n dysgu
3. Fe fydd e/hi'n dysgu

1. Fe fyddwn ni'n dysgu
2. Fe fyddwch chi'n dysgu
3. Fe fyddan nhw'n dysgu

Negative

1. Fydda' i ddim yn dysgu
2. Fyddi di ddim yn dysgu
   Fyddwch chi ddim yn dysgu
3. Fydd e/hi ddim yn dysgu

1. Fyddwn ni ddim yn dysgu
2. Fyddwch chi ddim yn dysgu
3. Fyddan nhw ddim yn dysgu

Question

1. Fydda' i'n dysgu?

2. Fyddi di'n dysgu?
   Fyddwch chi'n dysgu?
3. Fydd e/hi'n dysgu?

1. Fyddwn ni'n dysgu?
2. Fyddwch chi'n dysgu?
3. Fyddan nhw'n dysgu?

8. **Emphatic Pattern Questions and Answers**

   a) Normally, the verb comes at the beginning of the Welsh statement or question. But when we wish to emphasise something, then we place that information first.

   i) Rydw i'n byw yn Aberystwyth. - I live in Aberystwyth. (no emphasis)
   Yn Aberystwyth rydw i'n byw. - It is **in Aberystwyth** that I live.
   (i.e. and nowhere else)

   ii) Fe ysgrifennodd Shakespeare 'Hamlet'. - Shakespeare wrote 'Hamlet'. (no emphasis)
   Shakespeare ysgrifennodd 'Hamlet'. - It is **Shakespeare** who wrote 'Hamlet'.
   'Hamlet' ysgrifennodd Shakespeare. - It is **'Hamlet'** that Shakespeare wrote.

   b) When a personal pronoun is emphasised, notice how the verb is **always** in the 3rd person.

   i) Fe dorroch chi'r ffenest. - You broke the window. (no emphasis)
   Chi dorrodd y ffenest. - It is **you** who broke the window.

   ii) Fe yfais i'r llaeth. - I drank the milk. (no emphasis)
   Fi yfodd y llaeth. - It is **I** who drank the milk.

   c) To turn these emphatic statements into questions, just add a question mark:

   1. Yn Aberystwyth mae John yn byw? - It is **in Aberystwyth** that John lives?
   2. Chi dorrodd y ffenest? - Was it **you** who broke the window?
   3. Punt ydy'r tocyn? - It is a **pound** that the ticket is?

   d) To reply Yes/No to any emphatic question - in any tense or any person, use

   IE   - Yes
   NAGE - No

   1. Ti fwytodd y bisgedi? - Ie.
   2. Yn Ffrainc mae Lisbon? - Nage, yn Portugal.
   3. Yng Nghaerdydd roedd y gêm? - Ie.
   4. Athro fydd John? - Nage, meddyg.
   5. Ddoe ddaeth y llythyr? - Ie.

6. Heno mae'r cyngerdd?   - Nage, nos yfory.
7. Nos yfory?   - Ie.

So remember if the verb comes in the middle of the sentence (or if there is no verb there at all) use *IE* for 'yes' and *NAGE* for 'no'.

UNED 25

This unit will concentrate on questions - in different tenses - using *'Pwy?'* (Who?). *'Beth?'* (What?) behaves in exactly the same way.

A. 1. PRESENT TENSE (Who is/are...?)

   hwnna   - that (masc.) one
   thonna   - that (fem.) one
   y rheina   - those

   'PWY YDY' is always followed by a DEFINITE NOUN or a PRONOUN.

   e.g. Pwy ydy'r **Prifathro**?   - Who is the Headmaster?(noun)
        Pwy ydy **hi**?   - Who is she?(pronoun)
        Pwy ydy'r **rheina**?   - Who are those?(pronoun)

   2. **'PWY SYDD'** (**PWY SY'**) is always followed by either a VERB, and ADJECTIVE or an ADVERBAL PHRASE. An INDEFINITE NOUN is also possible.

   Pwy sy'n **rhedeg**?   - Who is running?(verb)
   Pwy sydd **yn dal**?   - Who is tall?(adjective)
   Pwy sydd **wrth y drws**?   - Who is by the door?(adverbal phrase)
   Pwy sydd **yn athro**?   - Who is a teacher? (indefinite noun)

   3. **'PWY MAE'** is always followed by a NOUN or PRONOUN *and* a VERB.

   e.g. Pwy mae **John yn (ei) gicio**?
        - Whom is John kicking? (**noun + verb**)
        Pwy mae **Cennard yn (ei) weld**?
        - Whom is Cennard seeing? (**noun + verb**)
        Pwy mae **e'n (ei) gario**?
        - Whom is he carrying? (pronoun + verb)

   c.f. Beth Mae Alis yn (ei) wneud?
        Notice: **'Pwy'** translates as 'whom' in this pattern.

   4. **Replies**

   Use the emphatic pattern. i.e. place your answer at the beginning of the sentence (instead of *Pwy?*).

   e.g. Pwy ydy'r Prifathro?   - Who is the Headmaster?
        Mr. Jones ydy'r Prifathro. - **Mr. Jones** is the Headmaster.

        Pwy sy'n rhedeg?   - Who is running?
        John sy'n rhedeg.   - (It is) **John** (who) is running.

  Pwy sy'n dal?   - Who is tall?
  Y ferch sy'n dal.   - (It is) **the girl** (who) is tall.
  Pwy mae Cennard yn ei weld?
              - Whom is Cennard seeing.
  Basil mae Cennard yn ei weld. - (It is) **Basil** (whom) Cennard is seeing.

5. **IMPERFECT TENSE** ((Who was/were...?)
  'PWY OEDD' can be followed by any part of speech.

  e.g. Pwy oedd y Prifathro?   - Who was the Headteacher?
     Pwy oedd wrth y drws?   - Who was at the door?
     Pwy oedd Cennard yn ei weld? - Whom was Cennard seeing?

  Replies - Emphatic Pattern again

  e.g. Pwy oedd y Prifathro?   - Who was the Headmaster?
     Mr. Jones oedd y Pri-   - **Mr. Jones** was the Headmaster.
      fathro.

     Pwy oedd yn siarad?   - Who was talking?
     Fi oedd yn siarad.   - (It was) I (who) was talking.

     Pwy oedd yn y car?   - Who was in the car?
     Y plant oedd yn y car.   - (It was) the children (who) were
                  talking.

6. **FUTURE TENSE** (Who will be...?)
  'PWY FYDD' can be followed by any part of speech.

  e.g. Pwy fydd yn canu?   - Who will be singing?
     Pwy fydd Basil yn ei weld?   - Whom will Basil be seeing?
     Pwy fydd yma?   - Who will be here?

  Replies - Emphatic Pattern again

  e.g. Pwy fydd yn canu yn yr opera?- Who will be singing in the opera?
     Dennis O'Neil fydd yn canu   - (It is) **Dennis O'Neill** (who) will be
      yn yr opera.   singing in the opera.

     Pwy fydd yn y tŷ heno?   - Who will be in the house tonight?
     Dewi fydd yn y tŷ heno.   - (It is) **Dewi** (who) will be in the house
                  tonight.

     Pwy fydd yma?   - Who will be here?
     Ni fydd yma.   - (It is) **we** (who) will be here.

7. **PAST PRETERITE TENSE** (Who did...various things?)
   PWY + 3rd person singular of the verb

   Notice the Soft Mutation.

   e.g. gweld   - Pwy welodd y ffilm?   - Who saw the film?
        mynd   - Pwy aeth i Lundain?   - Who went to London?
        dod   - Pwy ddaeth yma?   - Who came here?
        dringo   - Pwy ddringodd y mynydd?   - Who climbed the mountain?

   Replies - Emphatic Pattern again

   e.g. Pwy ddyfeisiodd y ffôn?   - Who invented the phone?
        Alexander Graham Bell   - (It was) **Alexander Graham Bell**
        ddyfeisiodd y ffôn.   (who) invented the phone.

        Pwy gyfansoddodd Don Giovanni?   - Who composed Don Giovanni?
        Mozart gyfansoddodd Don   - (It is) **Mozart** (who) composed
        Giovanni.   Don Giovanni.

        Pwy dorrodd y ffenest?   - Who broke the window?
        Chi dorodd y ffenest.   - (It is) *you* (who) broke the window.

        Pwy fwytodd y 'crisps'?   - Who ate the crisps?
        Ni fwytodd y 'crisps'.   - (It is) we (who) ate the crisps.

8. cyfansoddi   - to compose   dyfeisio   - to invent
   ennill   - to win   torri   - to break
   bwyta   - to eat   y lleuad   - the moon
   (yn) gyntaf   - first   yno   - there

   Notice in examples (iii) and (iv) above - the verb does NOT change from the 3rd person singular, no matter what is placed in front of it in the 'emphatic' pattern answer. The reason for this is that the real subject of the verb is '**a**' (who/that/which).
   i.e. **Ni (a) fwytodd y crisps.**   - It is we **who** ate the crisps.
        Chi (a) dorrodd y ffenest. - It is you **who** broke the window.
   But this relative pronoun **a** is not heard when we speak.

B. **YR IAITH AR WAITH**

   1. Pwy ydy arweinydd (leader) Rwsia yn 1986?
      Mr. Gorbachev ydy arweinydd Rwsia yn 1986?

2. Pwy oedd mam Dewi Sant?
   Non oedd mam Dewi Sant.

3. Pwy gerddodd ar y lleuad gyntaf?
   Neil Armstrong gerddodd ar y lleuad gyntaf.

4. Pwy sy'n byw yn Rhif 10 Stryd Downing?
   Y Prif Weinidog sy'n byw yno.

5. Pwy ddringodd Everest gyntaf?
   Hillary a Tensing ddringodd Everest gyntaf.

6. Pwy fydd yn siarad Cymraeg y flwyddyn nesaf?
   Carol (a chi?) fydd yn siarad Cymraeg y flwyddyn nesaf.

7. Pwy oedd Romeo?
   Cariad Juliet oedd Romeo.

8. Pwy gyfansoddodd y 'Messiah'?
   Handel gyfansoddodd y 'Messiah'.

9. Pwy sy'n canu 'Pie Jesu'?
   Sarah Brightman a Paul Miles-Kingston sy'n canu 'Pie Jesu'.

10. Pwy mae Lady Macbeth yn ei ladd?
    Duncan mae Lady Macbeth yn ei ladd.

C. YMARFERION

(i) Llenwch y bylchau:-

1. Pwy .... y llyfr?(ysgrifennu)
2. Pwy .... yn yr ysgol ddoe?
3. Pwy .... yn gwarchod *(baby sitting)* heno?
4. Pwy .... Ann, Basil a Cennard yn ei ddysgu?
5. Pwy .... Terry Griffiths.
6. Pwy .... y gêm? (ennill)
7. Pwy .... 'n dysgu Cymraeg?
8. Pwy .... 'n gyrru'r bws?

(ii) Cyfieithwch:-

1. Who broke the window?
2. Who was that on the phone?
3. Who will be singing in the Opera?
4. Whom does Carol see in the shop?
5. Who walks to school in the morning?
6. Who is too fat?
7. Who composed the 'Moonlight Sonata'?
8. Who is the man by the door?

(iii) Atebwch:-
1. Pwy sy'n chwarae yn y parc? (The children)
2. Pwy fwytodd y sglodion? (My husband)
3. Pwy ydy'r Prif Weinidog?
4. Pwy mae Bob yn ei hoffi? (Bethan)
5. Pwy fydd yn canu'r piano heno? (We will be/us)

UNED 26

The two words *Whose?* and *favourite* feature prominently in this unit.

A. 1. **HOSAN PWY....?** - Whose sock.....?

   You will recall the question:

   PWY BIAU....? - Who owns.....?

   e.g Pwy biau'r car 'ma?
   Pwy biau'r got 'na?

   We could ask for the same information by using a different construction.

   e.g. Car pwy ydy hwn?   - Whose car is this (*car* is masc.)
   Cot pwy ydy hon?   - Whose coat is this? *(Cot* is fem.)
   Car pwy ydy hwnna?   - Whose car is that?
   Cot pwy ydy honna?   - Whose coat is that?
   Cotiau pwy ydy'r rheina?   - Whose coats are those?

   The problem for learners with this pattern is the use of *hwn, hon, hwnna, honna* since the gender of nouns is a minefield! So, in the initial stages avoid using such words and be prepared to repeat the noun, although doing so doesn't help the sound of the sentence. If in doubt, use the masculine form.

   e.g. Car pwy ydy'r car 'ma?   - Car pwy ydy hwn?
   Hosan pwy ydy'r hosan 'na?   - Hosan pwy ydy honna?

2. Fy hosan i.....

   How are we supposed to answer such questions as:
   Hosan pwy ydy'r hosan 'na?
   We can simply place the pronoun first. (i.e. 'emphatic' pattern)

   e.g. Fy hosan i ydy hi.   - i.e. *My* sock is it.
   Ei hosan e ydy hi.   - i.e. *His* sock is it.

   OR

   Fy hosan i ydy'r hosan.
   Ei hosan e ydy'r hosan.
   Ei 'sanau hi ydyn nhw. - i.e. Her socks are they.

   We can name the possessor and linking the possessor with the article(s). Study the following combination of words:

   hosan Alun   - Alun's sock   doli Alis   - Alice's doll
   coffi Gareth   - Gareth's coffee   camera Helen   - Helen's camera

117

For example:-

Camera pwy ydy hwnna? - Camera Gareth ydy e.
Llyfr pwy ydy hwn? - Llyfr Siân ydy e.

3. **HOFF** lyfr Siân ydy e. - It is Siân's favourite book.

To convey *favourite* place *hoff* in front of the noun, which undergoes a Soft Mutation. These words might be useful to you as you quiz your learner or Welsh speaking friends.

actor	- actor	cantores (b)	- female singer
actores (b)	- actress	canwr	- male singer
cyfansoddwr	- composer	cantorion	- singers
awdur	- author	bwyd	- food
papur	- paper	record (b)	- record
emyn	- hymn	darn o gerddoriaeth	- piece of music
diod	- drink	gêm (b)	- game

e.g. Pwy ydy hoff actor Dewi? - Who is Dewi's favourite actor?

Beth ydy hoff fwyd John? - What is John's favourite food?

Richard Burton oedd hoff actor Dewi.
Salad ydy hoff fwyd John.
Salad ydy fy hoff fwyd i.

Beth ydy hoff gêm y plant? *(Gêm* should undergo a Soft Mutation, but comparatively recent borrowings from the English language which begin with the consonant *g* don't undergo a soft mutation.)

Note the position of the people's names in the above examples (Dewi, John). As the examples show they come first in English whereas they follow the noun in Welsh.

B. **YR IAITH AR WAITH**

Ann:	Dyma got hyfryd. Cot pwy ydy hi?
Basil:	Cot Siân, rydw i'n credu *(believe)*. Nage. Cot goch sy 'da Siân. Cot pwy ydy hi, 'te *(then)*?
Ann:	Mae'n edrych fel cot Marged. Mae cot fel honna 'da hi, rydw i'n credu.
Cennard:	Esgid pwy ydy hon?
Carol:	Fy esgid i ydy honna, a fy nhei i ydy honna. Wyt ti wedi gweld fy nghrys i?
Cennard:	Crys pwy ydy hwn?
Carol:	Fy nghrys i ydy hwnna. Diolch.
Dewi:	Oes hoff emyn 'da chi?

Siân: Oes. *Pantyfedwen* ydy fy hoff emyn i.. Beth ydy eich hoff emyn chi?
Dewi: Rydw i'n hoffi *Pantyfedwen* hefyd *(also)* ond *Cwm Rhondda* ydy fy hoff emyn i.

C. YMARFERION

(i) Substitute e.g. *y car 'ma/y car 'na*, etc. with *hwn, hwnna, hon, honna*.
e.g. Crys pwy ydy'r crys 'ma? - Crys pwy ydy hwn?

1. Cot pwy ydy'r got 'ma?
2. Tei pwy ydy'r dei 'na?
3. Coffi pwy ydy'r coffi 'na?
4. Tŷ pwy ydy'r tŷ 'ma?
5. Tŷ pwy ydy'r tŷ 'na?
6. Siwmper pwy ydy'r siwmper 'na?

(ii) Change the following sentences according to the pattern of this example: -
Fi biau'r hosan. - Fy hosan i ydy hi.

1. Fe biau'r car.
2. Nhw biau'r llyfrau.
3. Hi biau'r llun.
4. Ti biau'r gardigan.
5. Chi biau'r siwt.

(iii) Ask in Welsh : Who is your favourite ....? and use the following words :-

1. actor 2. cyfansoddwr 3. canwr 4. cantores

Answer the above questions.

(iv) Ask in Welsh: What is your favourite....? and use the following words :-

1. bwyd 2. papur 3. record 4. darn o gerddoriaeth 5. diod 6. gêm

Also, reply.

UNED 27

In this unit we shall look at those things that we dislike doing and those things that we enjoy doing.

A. 1. The way we say **I dislike** or **I hate** is:

MAE'N GAS 'DA FI (S.W.)
MAE'N GAS GEN I (N.W.)

You will have seen *'DA FI/GEN I* in sentences such as:

Mae car 'da fi.	- I have a car.
Mae crys gen i.	- I have a shirt.

In the same way you can say:

Mae'n gas 'da fi (S.W.) (gen i) goginio.	- I disklike cooking.
Mae'n gas 'da fi olchi.	- I hate washing.

Notice that the verb-noun following *da fi/gen i* in this case *coginio* and *golchi* both undergo a Soft Mutation.

Here are the various persons for both forms:

Singular

1. Mae'n gas 'da fi (I hate) — Mae'n gas gen i
2. Mae'n gas 'da ti (You hate) — Mae'n gas gen ti
3. Mae'n gas 'da fe/hi (He hates/she hates) — Mae'n gas ganddo fe/Mae'n gas ganddi hi
   Mae'n gas 'da Tom (Tom hates) — Mae'n gas gan Tom

Plural

1. Mae'n gas 'da ni (We hate) — Mae'n gas gynnon ni
2. Mae'n gas 'da chi (You hate) — Mae'n gas gennych chi
3. Mae'n gas 'da nhw (They hate) — Mae'n gas ganddyn nhw

If the sentence contains a noun rather than a pronoun, the mutation still occurs.

e.g. Mae'n gas 'da'r plant *w*eithio. - The children dislike working.
Mae'n gas 'da Tom *o*lchi llestri. - Tom dislikes washing dishes.

gwaith tŷ	- housework
coginio	- to cook
glanhau'r tŷ	- to clean the house
golchi	- to wash

smwddio — to iron
golchi llestri — to wash dishes

Pethau dydy plant ddim yn hoffi eu gwneud - Things children dislike doing

cael bath — having a bath
codi yn y bore — to get up in the morning
gwneud gwaith cartref — to do homework
mynd i'r gwely — to go to bed
tacluso — to tidy up

2. **Gofyn cwestiynau - Asking questions**

   You will remember the question,
   "Beth rydych chi'n ei wneud?" (What are you doing?).

   The ei + Soft Mutation is also seen in the following examples:

   Beth sy'n gas 'da chi (gennych chi) ei fwyta?
   - What do you dislike eating?
   Beth sy'n gas 'da chi ei wisgo?
   - What do you dislike wearing?
   Beth sy'n gas 'da chi ei weld ar y teledu?
   - What do you dislike seeing on television?

   In the present tense *Beth* is followed by *sy'* (is) in this pattern.

   e.g. Beth sy'n gas 'da fe ei wneud? - What does he hate doing?
   Mae'n gas 'da fe olchi'r car. - He dislikes washing the car.

Some tasks you might like or dislike doing:

coginio — to cook   trwsio (N.W.)   — to repair
glanhau — to clean   cyweirio (S.W.)
golchi — to wash   garddio   — to garden
peintio — to paint

3. Things we prefer doing. These are expressed by:
   MAE'N WELL 'DA FI (S.W.) *OR* **MAE'N WELL GEN I (N.W.)** - I prefer

   As you will see from the following examples the same rules apply regarding mutation:

   e.g. Mae'n well 'da fi *g*erdded. - I prefer walking.
   Mae'n well 'da nhw *a*rddio. - I prefer gardening.

4. You can also form questions in the same way:

121

e.g. Beth sy'n well 'da chi ei fwyta? - What do you prefer eating?
Beth sy'n well 'da nhw ei wneud? - What do they prefer doing?
Beth sy'n well 'da Mari ei wisgo? - What does Mari prefer wearing?

5. Note the question form:

e.g. Ydy hi'n well 'da chi gerdded?   - Do you prefer to walk?
Ydy hi'n well 'da fe gaws?   - Does he prefer cheese?
Ydy hi'n well 'da nhw ddarllen?   - Do they prefer to read?

6. The final point to note is that after many of the common question words, e.g. *Ble? Pam? Pryd?* the third person present tense form of *bod*, *MAE* is used, not *SY' (SYDD)*.

e.g. Ble mae'n well 'da chi fynd?   - Where do you prefer going?
Pryd mae'n well i ni fynd?   - When had we better go?

7. **NEU** (or)

This important little word is used when offering a choice. It is followed by Soft Mutation:

e.g. Te neu goffi?   - Tea or coffee?
I'r wlad neu i'r dre?   - To the country or to town?
I Gaerdydd neu i Gasnewydd?   - To Cardiff or Newport?

B. YR IAITH AR WAITH

Dan: Dwyt ti ddim yn gweithio nawr!
Carol: Wel, ydw. Rydw i'n dysgu plant i ganu'r piano ond dydw i ddim yn mynd allan i weithio.
Dan: Braf iawn.
Carol: Mae'n gas 'da fi aros yn y tŷ ac mae'n gas 'da fi waith tŷ hefyd.
Dan: Ydy hi'n well 'da ti ganu'r piano?
Carol: Ydy. Rydw i'n hoffi canu'r piano ac ymarfer hefyd.
Dan: Ymarfer? Roedd yn gas 'da fi ymarfer. Roedd yn well 'da fi chwarae.
Carol: Rygbi neu bêl-droed?
Dan: Roeddwn i'n arfer hoffi rygbi yn yr ysgol ond roedd yn well 'da fi bêl droed.
Carol: Doeddwn i ddim yn hoffi gemau. Roedd yn well 'da fi gerdded a darllen. Ond rydyn ni'n newid.
Dan: Yn newid?
Carol: Ydyn, achos rydw i'n hoffi edrych ar rygbi ar y teledu ar ddydd Sadwrn a gweld Cymru'n chwarae.

Dan: Ond o Loegr rwyt ti'n dod.
Carol: Ie, ond rydw i'n byw yng Nghymru nawr.

C. YMARFERION

(i) Ysgrifennwch frawddegau ar y patrwm a ganlyn. (Write sentences on the following pattern):— Fi/cerdded — Mae'n gas 'da fi (gen i) gerdded.

1. Tom/cael bath 2. hi/gweithio 3. nhw/golchi 4. ni/tacluso 5. fe/coginio 6. chi/garddio 7. ti/peintio 8. chi/gwisgo siwt

(ii) Write three things: (i) you dislike doing in the house (ii) the children dislike doing.

(iii) Atebwch:—
1. Beth sy'n gas 'da chi ei fwyta?
2. Beth sy'n gas 'da chi ei weld ar y teledu?
3. Beth sy'n gas 'da'ch ffrind ei wisgo?
4. Beth mae'n gas 'da ti ei wneud ar ddydd Sadwrn?
5. Ble mae'n gas 'da chi fynd?
6. Pryd mae'n gas 'da chi siarad?

(iv) Ysgrifennwch frawddegau yn ôl y patrwm a ganlyn. (Write sentences to the following pattern):—
nhw/cerdded/mynd yn y car
Mae'n gas 'da nhw gerdded. Mae'n well 'da nhw fynd yn y car.

1. hi/glanhau/coginio
2. y plant/gweithio/chwarae
3. fe/peintio/trwsio'r tŷ?
4. ni/cig/llysiau
5. chi/y dre/y wlad

UNED 28

Yr Eisteddfod

A. 1. Mae eisteddfod fach yn cael ei chynnal yn y rhan fwyaf o drefi a phentrefi Cymru.

cynnal	- to hold (a meeting/function)
pentref (i)	- village(s)
y rhan fwyaf o	- the majority of
tref(i) (b)	- town(s)
pwyllgor	- committee
a	- and

Learn this Passive pattern:

yn cael ei chynnal	- is held/is being held (feminine)
yn cael ei gynnal	- is held/is being held (masculine)
yn cael eu cynnal	- are held/are being held (plural)

e.g. Mae'r Eisteddfod yn cael ei chynnal yn Aberdâr.
- The Eisteddfod is (being) held in Aberdâr.
Mae'r pwyllgor yn cael ei gynnal heno.
- The committee meeting is held tonight.

Notice: (i) the same Passive pattern is used in the following sentences (but the PAST tense is used).

Ble cawsoch chi eich geni? – Fe ges i fy ngeni yng Nghymru.

CAEL + POSSESSIVE + VERB (See UNED 12)

(ii) Soft Mutation after *o* (of/from). See Appendix 1.
(iii) Aspirate Mutation after *a* (and). See Appendix 1.

2. Ond mae tair prif eisteddfod — dwy genedlaethol ac un ryngwladol.

prif	- main
rhyngwladol	- international
cenedlaethol	- national

eisteddfod is feminine, therefore, the feminine form of 'three' — *tair* is used. Notice the singular noun after the number. Never use plural nouns directly after numbers in Welsh.

prif is one of the few adjectives which precede the noun. It causes a Soft Mutation.

e.g. prifysgol - (university); prifathro - (headmaster)
prifddinas - (capital); Prif Gwnstabl - (Chief Constable).

3. Mae'r Eisteddfod Ryngwladol yn cael ei chynnal yn Llangollen yng Nghlwyd, yng Ngogledd Cymru bob mis Gorffennaf. Mae pobl yn dod yno o lawer o wledydd i ganu a dawnsio.

bob	- every	pobl (b)	- people
llawer o	- many	gwlad (b)	- country
gogledd	- north	gwledydd	- countries
canu	- to sing	dawnsio	- to dance

4. Mae'r ddwy Eisteddfod Genedlaethol yn cael eu cynnal yn y gogledd ac yn y de bob yn ail.

de	- south
bob yn ail	- every other (alternately)

5. Pan fydd Eisteddfod Genedlaethol yr Urdd yn y gogledd, fe fydd yr Eisteddfod Genedlaethol fawr yn y de.

pan	- when	mawr	- big/large

6. Pobl ifanc, dan ddau ddeg pump oed sy'n cystadlu yn Eisteddfod yr Urdd ond mae pawb yn gallu cystadlu yn yr Eisteddfod Genedlaethol fawr.

ifanc	- young	dau ddeg pump	- twenty five
cystadlu	- to compete	pawb	- everyone

Notice the use of the emphatic pattern:
'Pobl ifanc....sy'n cystadlu.....'

7. Eleni, mae Eisteddfod yr Urdd yn cael ei chynnal yng Nghaerdydd. Y llynedd roedd hi yn yr Wyddgrug (Mold) a'r flwyddyn nesaf, fe fydd hi ym Mhethesda. Fe fydd pum mil o bobl ifanc yn cystadlu yng Nghaerdydd ym mis Mai.

mil (b)	- thousand	pum mil	- five thousand

8. Fyddan nhw ddim yn cystadlu am arian — dim ond pwyntiau i'r sir.

am	- for	arian	- money
dim ond	- only	pwynt(iau)	- point(s)
sir (b)	- county		

9. Mae Eisteddfod Genedlaethol Cymru yn cael ei chynnal bob mis Awst. Eleni, fe fydd hi yn y Rhyl. Mae Maes yr Eisteddfod yn ddiddorol iawn. Mae'r pafiliwn mawr yn y canol a llawer o stondinau o amgylch y pafiliwn.

maes	- field	diddorol	- interesting
pafiliwn	- pavilion	canol	- centre, middle
stondin(au) (b)	- stall(s)	o amgylch	- around

10. Pa fath o stondinau sydd ar y Maes? Mae stondinau bwyd, stondinau llyfrau, stondinau recordiau, stondinau dillad, stondinau crefftau ac ati.

crefftau	- crafts	ac ati	- and so on

11. Does dim rhaid i chi siarad Cymraeg i fynd i'r Eisteddfod. Mae pawb yn gallu mwynhau cerdded o amgylch y Maes, cwrdd â ffrindiau ac edrych ar y stondinau.

gallu	- to be able to	mwynhau	- to enjoy
cwrdd â	- to meet	does dim rhaid	- don't have to

12. Ond mae'r cystadlaethau yn y pafiliwn yn ddiddorol hefyd — canu, dawnsio, adrodd, canu offerynnau, actio ac ati.

cystadlaethau	- competitions
offerynnau	- instruments
adrodd	- to recite

B. YR IAITH AR WAITH

Mae eisteddfod fach yn cael ei chynnal yn y rhan fwyaf o drefi a phentrefi Cymru. Ond mae tair prif eisteddfod — dwy genedlaethol ac un ryngwladol.

Mae'r Eisteddfod Ryngwladol yn cael ei chynnal yn Llangollen yng Nghlwyd, yng ngogledd Cymru bob mis Gorffennaf. Mae pobl yn dod yno o lawer o wledydd i ganu a dawnsio. Mae'r ddwy Eisteddfod Genedlaethol yn cael eu cynnal yn y gogledd a'r de bob yn ail.

Pan fydd Eisteddfod Genedlaethol yr Urdd yn y Gogledd, fe fydd yr Eisteddfod Genedlaethol fawr yn y De. Pobl ifanc, dan ddau ddeg pump oed, sy'n cystadlu yn Eisteddfod yr Urdd ond mae pawb yn gallu cystadlu yn yr Eisteddfod Genedlaethol fawr.

Eleni mae Eisteddfod yr Urdd yn cael ei chynnal yng Nghaerdydd. Y llynedd roedd hi yn yr Wyddgrug a'r flwyddyn nesaf, fe fydd hi ym Methesda. Fe fydd pum mil o bobl ifanc yn cystadlu yng Nghaerdydd ym Mis Mai.

Mae Eisteddfod Genedlaethol Cymru yn cael ei chynnal bob mis Awst. Eleni, fe fydd hi yn y Rhyl. Mae Maes yr Eisteddfod yn ddiddorol iawn. Mae'r pafiliwn mawr yn y canol a llawer o stondinau o amgylch y pafiliwn. Pa fath o stondinau sydd ar y Maes? Mae stondinau bwyd, stondinau llyfrau, stondinau recordiau, stondinau dillad, stondinau crefftau ac ati. Does dim rhaid i chi siarad Cymraeg i fynd i'r Eisteddfod. Mae pawb yn gallu mwynhau cerdded o amgylch y Maes, cwrdd â ffrindiau ac edrych ar y stondinau. Ond mae'r cystadlaethau yn y pafiliwn yn ddiddorol hefyd — canu, dawnsio, adrodd, canu offerynnau, actio ac ati.

C. **YMARFERION**

(i) Atebwch:–
1. Ble mae'r Eisteddfod Genedlaethol yn cael ei chynnal bob blwyddyn?
2. Pwy sy'n cystadlu yn Eisteddfod yr Urdd?
3. Fydd yr Eisteddfod Genedlaethol yn y Rhyl eleni?
4. Pryd mae'r Eisteddfod Genedlaethol yn cael ei chynnal?
5. Beth sydd ar y Maes?

(ii) Cyfieithwch:–
1. The committee meeting is being held next week.
2. I will be going to the two national eisteddfodau.
3. They will be staying in a caravan at the International Eisteddfod.
4. I usually enjoy the dancing and the singing.
5. Did you buy anything on the stalls? Yes.

(iii) Join these pairs of words using *a* (and):–

1. mam/tad   2. eisteddfod/pwyllgor   3. tref/pentref   4. te/coffi
5. teisen/tarten

(iv) Place the following after *llawer o* (many, much, a lot of):–

1. pobl   2. plant   3. mynd a dod   4. bwyd   5. dillad

UNED 29

This unit is devoted to the word **if**, which is **os**.

A. 1. OS YDY

Mae meaning **is** should NOT follow *os;* rather *os* is followed by *ydy* when we refer to *it, he, she, John,* etc.

e.g. os ydy e'n dod — if he's coming
  os ydy hi'n gallu mynd — if she can go
  os ydy John yn y tŷ — if John is in the house
  os ydy hi'n bwrw glaw — if it's raining

2. Let's check the other forms of the present tense of *Bod* (to be) which follow *os*

   1. os ydw i — if I am
   2. os wyt ti — if you are
   3. os ydy'r plant — if the children are

   1. os ydyn ni — if we are
   2. os ydych chi — if you are
   3. os ydyn nhw — if they are

   Here are some examples:
   ...os ydy'r plant i mewn
   ...os ydyn nhw allan
   ...os wyt ti eisiau dod
   ...os ydyn ni'n gallu mynd

3. **OS NAD YDY** hi'n braf.../if it isn't fine...

   To convey the negative of *os ydy e* for example, *nad* comes between, *os* and the verb.

   Singular

   1. os nad ydw i — if I'm not/don't
   2. os nad wyt ti — if you're not/don't
   3. os nad ydy e/hi, etc — if he isn't/dosen't

   Plural

   1. os nad ydyn ni — if we aren't/don't
   2. os nad ydych chi — if you're not/don't
   3. os nad ydyn nhw — if they're not/don't

   By the way, in speech it's far easier to say: *os nad 'dw i; os nad 'dy e; os nad 'dyn ni; os nad 'dych chi; os nad 'dyn nhw;* thus leaving out the vowel *y* in *ydw i,* etc.

e.g. Os nad ydy e i mewn, rydw i'n gallu dod rywbryd eto.
Os nad ydyn ni'n gallu dod, fe fydd rhaid i ni aros.

4. **OS OES...** - If there is/if there are...

   (a) If the noun following *os* is indefinite *oes* is used.
   i.e. os oes   - if there is/if there are

   e.g. os oes rhaglen dda ar y teledu - if there's a good programme on television
   os oes ci yno   - if there's a dog there
   os oes gwesty yno   - if there's a hotel there

   (b) *Os oes* is also used when the possession pattern (i.e. *'da* or *gan*) and *ar* patterns are used.

   e.g. os oes arian 'da ti   - if you've got money
   os oes ffôn 'da ti   - if you've got a telephone
   os oes amser 'da nhw   - if they've got time
   os oes pen tost 'da fe   - if he has a headache
   os oes llwnc tost 'da hi   - if she has a sore throat
   os oes gwres arno fe   - if he has a temperature
   os oes annwyd arnat ti   - if you've got a cold
   os oes ffliw arni hi   - if she has influenza

B. YR IAITH AR WAITH

1. Carol: Os oes ffliw arnat ti mae rhaid i ti aros yn y gwely.
2. Carol: Os wyt ti'n mynd i siop pryna datws i ginio, Dewi.
3. Carol: Os nad ydyn ni'n gallu mynd fe fyddaf i'n ffonio i ddweud.
4. Carol: Gwisga (*wear*) dy got newydd, os wyt ti eisiau
5. Esther: Gaf i edrych ar y ffilm, mami?
   Carol: Cei, os wyt ti'n ferch dda(*good*).
6. Esther: Gaf i wisgo crys-T, Mami?
   Carol: Cei, os wyt ti'n dwym.
7. Carol: Dewi, os oes amser 'da ti nawr, wyt ti'n gallu trwsio'r beic?

C. YMARFERION

(i) Correct these:-

1. os maen nhw   2. os rwyt ti   3. os rydyn ni   4. os mae hi   5. os mae'r tywydd

(ii) Amend these verbs by placing *os* in front of them and complete as you wish:-

1. mae e   2. rydyn ni   3. maen nhw   4. rwyt ti   5. rydw i

(iii) Amend these sentences by placing *os* in front of them and complete in as many different ways as possible:-

1. Mae hi'n braf.
2. Mae hi'n wyntog.
3. Mae hi'n wlyb.
4. Mae hi'n dwym iawn.
5. Mae hi'n oer iawn.

(iv) Use *gallu mynd* in the first part of your sentence followed by *os nad...* in the second part and then add the age as suggested:-
e.g. Fi/15 - Dydw i ddim yn gallu mynd os nad ydw i'n un deg pump oed.

1. fe/14   2. hi/10   3. nhw/12   4. y plant/5

(v) Combine *os oes* and the *rhaid* construction according to the pattern of the following example:-
annwyd/fe/gwely - Os oes annwyd arno fe *mae rhaid iddo fe* aros gartref.

1. llwnc tost/hi
2. gwres/nhw/aros yn y tŷ
3. ffliw/ti/cymryd tabledi
4. annwyd/John/dim nofio

UNED 30

This time we are going to look at ways of expressing things that we think, believe, hope, or know.

A. 1.   credu   - to believe   gobeithio   - to hope
     meddwl   - to think   gwybod   - to know (a fact)
     bod yn siŵr - to be sure

BOD – (that) + noun

After the verb-nouns listed above it will be obvious to you that the linking word THAT is important. 'I think that'....'I know that' etc. This is expressed by BOD in Welsh.

e.g. Rydw i'n gwybod bod Dewi yma.
- I know that Dewi is here.
Mae e'n credu bod Tom yn iawn.
- He thinks that Tom is right.
Ydych chi'n gweld bod y syrcas yn y dre?
- Do you see that the circus is in town?
Wyt ti'n siŵr bod y papur yn y lolfa?
- Are you sure that the paper is in the lounge?

2. **Ailments**

You will remember the two patterns used when dealing with ailments.

AR for general ailments.

   Mae peswch arno fe. - He has a cough.

'DA when a part of the body is named. This is used in S.W.

   Mae pen tost 'da hi.

Remember that other forms are used in N.W. (See Unit 16.)

When using BOD wwith these, this is the pattern:–

Mae'r meddyg yn sicr bod annwyd arni hi.
- The doctor is sure that she has a cold.
Ydych chi'n siŵr bod niwmonia arno fe?
- Are you sure that he has pneumonia?
Rwy'n gwybod bod pen tos 'da hi.
- I know that she has a headache. (Rwy'n = Rydw i'n)
Maen nhw'n dweud bod cefn tost 'da Tom.
- They say that Tom has backache.

3. When speaking of the past and using the Imperfect Tense (i.e. was, were, used to) the pattern doesn't change.

e.g. Roeddwn i'n credu bod y rhaglen yn wael.
- I thought that the programme was poor (*in quality*).
Roedd e'n dweud bod y ffilm yn gyffrous.
- He said that the film was exciting.
Roedd hi'n meddwl bod y rhaglen yn anniddorol.
- She thought that the programme was boring.

Here are some words you might need in discussing radio or television programmes.

ffilm (b)	- a film	yn anniddorol	- boring, uninteresting
rhaglen (b)	- a programme	yn ddiddorol	- interesting
drama	- a play	yn gyffrous	- exciting
yn wael	- poor in quality	yn ofnadwy	- terrible

4. When using the short form of the Past Tense (Preterite) the same rule applies except that one uses FOD instead of BOD.

e.g. Fe ddarllenais i **fod** yr Arlywydd Reagan yn bwriadu mynd i Tseina.
- I read that President Reagan intends going to China.
Fe ddywedodd Tom **fod** Mair yn dost.
- Tom said that Mair was ill.
Fe ddywedon nhw **fod** y bwyd yn rhad yn Sbaen.
- They said that the food was cheap in Spain.

5. In section 3 you will have noticed that 'I thought', 'I believed', 'I hoped' etc. were conveyed by ROEDDWN I'N CREDU, ROEDDWN I'N GOBEITHIO etc. (and not *credais, gobeithiais* etc.). This is unlike English.

B. YR IAITH AR WAITH

Cennard:	Welaist ti'r ffilm ar S4C neithiwr?
Carol:	Do. Roeddwn i'n meddwl bod yr actio'n dda.
Cennard:	Beth am y stori?
Carol:	Roedd Delyth yn meddwl bod y stori'n gyffrous ond roeddwn i'n credu bod y sgript yn anniddorol. Roedd yn well 'da fi'r rhaglen am hanner awr wedi wyth.
Cennard:	Beth oedd honna?
Carol:	Rhaglen Siân Jones.
Cennard:	Rydw i'n meddwl bod Siân yn hyfryd ac mae ei rhaglen hi'n ddiddorol.
Carol:	Ydy, ond rydw i'n meddwl bod y band yn swnllyd. Oes rhywbeth ar y teledu heno?
Carol:	"Y Byd ar Bedwar".

Cennard: Rwy'n meddwl bod y rhaglen 'na'n anniddorol. Ond fe glywais i fod gêm rygbi ar y bocs heno.
Carol: Rwyt ti'n iawn. Mae Caerdydd yn chwarae Abertawe.
Cennard: Recordiad, rwy'n credu.
Carol: Ie. Mae'n well 'da fi weld gêm yn fyw.
Cennard: Ond rydw i'n meddwl bod y rhaglenni chwaraeon ar S4C yn dda iawn.
Carol: Ydyn, wir.

C. YMARFERION

(i) Ysgrifennwch y brawddegau hyn yn ôl y patrwm:–
Fe/credu/Mae Tom yn dost.
Mae e'n credu bod Tom yn dost.

1. Ni–meddwl–Mae'r papur ar y bwrdd.
2. Ti–credu–Roedd y dyn yn y gwaith.
3. Nhw–gobeithio–Mae'r syrcas yn y dre.
4. Chi–siŵr–Mae annwyd arno fe?
5. Hi–meddwl–Mae pen tost 'da Dewi.
6. Sam–gwybod–Roedd Tom yn y tŷ.
7. Fi–gobeithio–Roedd y tywydd yn braf.
8. Y ferch–credu–Roedd y bwyd yn y cwpwrdd?

(ii) Beth yw eich barn am ...? (What's your opinion of ...):–

1. Bwyd Ffrainc.
2. Tywydd Cymru.
3. *Hamlet.*
4. *Panorama.*
5. Ffilmiau James Bond.
6. Yr Arglwydd Reagan.

UNED 31

"That" + personal pronoun.

A. 1. In Unit 30 you learnt how to say "that" + noun (**bod**).

   e.g. Rydw i'n meddwl **bod John** yn dost. - I think that John is ill.
   Mae Carol yn siŵr **bod annwyd** ar Dewi. - Carol is sure that Dewi has a cold.
   Fe glywais i **fod car** newydd 'da John. - I heard that John has a new car.

   Notice

   1. *Bod* mutates to *fod* after a verb in the Past Preterite Tense.
   2. *Bod* means *that* .... *is – are/was – were* (i.e. the verb *'to be'* is incorporated in the word *bod*) therefore it is incorrect to write or say:
   bod mae or *bod roedd*.

2. **EI FOD E(O)** – that he is/was

   meddwl - to think gwybod - to know

   e.g. Rydw i'n meddwl **ei fod** e'n sâl.
   - I think **that he is** ill.
   Rydw i'n meddwl **ei fod** e'n gweithio yn Llundain.
   - I think **that he** works in London. (he works = he is working)
   Roedd John yn gwybod **ei fod** o'n hwyr.
   - John knew **that he was** late.

3. **EI BOD HI** – that she is/was

   o leiaf–at least

   e.g. Ble mae Siân heddiw?
   - Where is Siân today?
   Rydw i'n meddwl **ei bod hi** yn y gwaith.
   - I think **that she is** at work.
   O leiaf, fe ddywedodd hi **ei bod hi**'n mynd i'r gwaith.
   - At least, she said **that she was** going to work.
   Roedden ni'n gwybod **ei bod hi**'n sâl.
   - We knew **that she was** ill.

4. **EU BOD NHW** - that they are/were

   e.g. Rydw i'n meddwl **eu bod nhw**'n cerdded i'r gwaith.
   - I think **that they** walk to work. (they walk = they are walking)
   Rydw i'n siŵr **eu bod nhw** yng Nghaerdydd ddoe.
   - I'm sure **that they were** in Cardiff yesterday.

5. **EIN BOD NI** – that we are/were

   Mae'n ddrwg 'da fi (gen i)   - I'm sorry
   Mae'n flin 'da fi (gen i)   - I'm sorry

   e.g. Mae'n ddrwg 'da fi **fy mod i**'n hwyr.
   - I'm sorry **(that) I am** late.
   Wyt ti'n gallu dod i gael coffi nos yfory?
   - Can you come to have coffee tomorrow night?
   Nac ydw. Mae'n flin 'da fi ond rydw i'n meddwl **fy mod i'n** mynd i gyngerdd.
   - No. I'm sorry but I think **(that) I'm** going to a concert.

6. **EIN BOD NI** – that we are/were

   e.g. Mae'n ddrwg gen i **ein bod ni'n** - I'm sorry **that we are** noisy.
   swnllyd.
   Rydw i'n siŵr **ein bod ni'n** gallu - I'm sure **that we are** able to (can) come.
   dod.

7. **EICH BOD CHI** – that you are/were

   'You' – Plural and 'polite' singular

   e.g. Mae'n ddrwg 'da fi **eich bod**   - I'm sorry **that you are** ill.
   chi'n sâl.
   Fe glywon ni **eich bod chi'n** well. - We heard **that you were** better.

8. **DY FOD TI** – that you are/were

   'You' – Familiar singular

   e.g. Rydw i'n gwybod **dy fod ti'n** byw yn Llangefni.
   - I know **that you** live (are living) in Llangefni.
   Roedd hi'n siŵr **dy fod ti** yn yr ysgol.
   - She was sure **that you were** in school.

9. The pattern is full:–

Singular	1. fy mod i	- that I am/was
	2. dy fod ti	- that you are/were
	eich bod chi	
	3. ei fod e (o)	- that he is/was
	ei bod hi	- that she is/was
Plural	1. ein bod ni	- that we are/were
	2. eich bod chi	- that you are/were
	3. eu bod nhw	- that they are/were

10. The *bod* pattern is also used after:–

| achos | - because | efallai | - perhaps |

e.g. achos fy mod i - because (that) I am/was
efallai dy fod ti - perhaps (that) you are/were
achos bod John - because (that) John is/was

Brawddegau (sentences):–

Dydyn ni ddim yn gallu dod **achos ein bod ni'n** mynd allan.
- We can't come because we are going out.
Efallai eich bod chi hefyd.
- Perhaps you are too.
Dydy Minny ddim yn yr ysgol hcddiw **achos ei bod hi'n** sâl.
- Minny isn't in school today because she is ill.
Dydyn nhw ddim yn dod **achos bod John** wedi blino.
- They are not coming because John is tired.

B. YR IAITH AR WAITH

1. Ble mae'r Arglwydd Reagan yn mynd?
   Fe ddarllenais i ei fod e'n bwriadu mynd i China.

2. Wyt ti'n mynd i'r cyngerdd?
   Ydw, rydw i'n meddwl fy mod i'n mynd yno.

3. Sut roedd y rhaglen?
   Roeddwn i'n credu ei bod hi'n dda iawn.

4. Ydyn nhw'n dod yma yn ystod yr haf?
   Fe ddywedodd John eu bod nhw'n dod.

5. Ydy fy nillad i'n iawn i'r parti?
   Rydw i'n meddwl dy fod ti'n edrych yn hyfryd.

6. Oeddech chi'n meddwl mynd adre'n gynnar?
   Roeddwn i'n meddwl ein bod ni'n mynd adre am bedwar o'r gloch.

7. Ydyn ni'n mynd allan heno?
   Gobeithio eich bod chi'n mynd allan! Rydw i eisiau gweithio!

C. YMARFERION

(i) Cyfieithwch:—

1. She said that she was ill.
2. I think that he is at home.

3. Do you believe that they are coming? (familiar)
4. We thought that we were better.
5. Did you hear that I was in Spain last week?

(ii) Llenwch y bylchau:–
1. Mae hi'n dweud ------ ------ i'n swnllyd.
2. Wyt ti'n gwybod ------ ----- ni'n aros mewn gwesty?
3. Fe gylwais i ei ------- hi yma.
4. Roedden nhw'n credu eu ------ ------ gweithio'n galed.
5. Sut rydych chi'n gwybod ------ ------ chi'n cael parti?

(iii) Ffurfiwch frawddegau (Form sentences):–
1. chi–gwybod–hi–ysgol? (Present Tense)
2. n–meddwl–ti–tost (Imperfect Tense)
3. fe–gobeitho–braf–y prynhawn 'ma
4. hi–credu–ni–gwaith (Imperfect Tense)
5. dweud–nhw–chi–gallu dod (Preterite Tense)

UNED 32

The final unit deals with things that we *ought to* or *should do*.

A. 1. bwyta llai - to eat less   loncian - to jog
       cadw'n heini - to keep fit   rhedeg - to run
       colli pwysau - to lose weight

   MI/FE DDYLWN I .... I ought to.

   The various forms are:–

   Singular

   1. fe/mi ddylwn i   - I ought to/should
   2. fe/mi ddylet ti   - you ought to/should
   3. fe/mi ddylai fe/hi   - he/she ought to/should

   Plural
   1. fe/mi ddylen ni   - we ought to/should
   2. fe/mi ddylech chi   - you ought to/should
   3. fe/mi ddylen nhw   - they ought to/should

2. *What* you ought to do must follow the verb directly. Remember there's no need to use the connecting *yn*. *What* you should do undergoes a Soft Mutation.

   Fe ddylwn i golli pwysau.   - I should lose weight.
   Fe ddylet ti fwyta llai.   - You should eat less.
   Fe ddylen ni fynd i loncian.   - We should go jogging.

3. **Beth? Pwy? Ble? Pryd? Pam? Sut?**

   The original form of *Fe/Mi ddylwn i*, for example, is *Dylwn i*. (By the way, there is no verb-noun for this verb, unlike most verbs.) This means that the verbs after *Ble? Pryd? Pam? Sut?* begin with the consonant *d* whereas *dd* follows *Beth?* and *Pwy?*

   e.g. Beth **dd**ylwn i ei wneud?   - What should I do?
         Pwy **dd**ylai olchi'r llestri?   - Who should wash the dishes?
         Ble **d**ylen ni fynd?   - Where should we go?
         Pryd **d**ylet ti gyrraedd yr ysgol? - When should you arrive at the school?
         Pam **d**ylwn i golli pwysau?   - Why should I lose weight?
         Sut **d**ylai hi golli pwysau?   - How should she lose weight?

4. **LLAI/O ...** – less ...

   The word for *less* is *llai* and the preposition *o* links *llai* and the noun that follows. The noun undergoes a Soft Mutation after *o*.

   e.g. tatws   - potatoes   llai o datws
         bara   - bread   llai o fara
         bwyd   - food   llai o fwyd
         sglodion   - chips   llai o sglodion
         cwrw   - beer   llai o gwrw
         gwin   - wine   llai o win

   e.g. Rydw i'n mynd yn dew iawn; fe ddylwn i fwyta llai o sglodion ac yfed llai o gwrw.

5. **DDYLWN I DDIM ...** – I shouldn't

   To convey the negative drop the positive marker *Fe* or *Mi*, but keep the *dd* consonant. Add *ddim*. What follows *ddim* does not undergo a Soft Mutation.

   e.g. Rydw i'n mynd yn dew. Ddylwn i ddim bwyta tatws a bara ac fe ddylwn i fwyta llai o sglodion.

6. hefyd - also, too   a/ac - and

   A normally precedes a consonant and *ac* normally precedes a vowel. But there are exceptions. e.g. *ac mae, ac felly* (and so, thus).

   e.g. Ddylet ti ddim bwyta sglodion a ddylet ti ddim yfed cwrw.

7. Here are some of the things that Carol feels her children ought to do:–

   cadw'r lle'n daclus   - to keep the place tidy
   mynd i'r gwely'n gynnar   - to go to bed early
   bod yn dawel   - to be quiet
   ymarfer y piano   - to practise the piano
   cysgu drwy'r nos   - to sleep all night
   codi yn y bore   - to get up in the morning

   e.g. Fe ddylet ti ymarfer y piano nawr; dwyt ti ddim wedi ymarfer heddiw.

8. The following are things that Carol hopes her children won't do:–

   bwyta gormod o losin   - to eat too many sweets
   dihuno'n gynnar yn y bore   - to wake up early in the morning
   gwneud llanast   - to make a mess
   (Note that *losin* (S.W.) = *da-da* (N.W.)
           dihuno (S.W.) = *deffro* (N.W.)

   e.g. Ddylech chi ddim gwneud llanast yn y lolfa.
         Ddylen nhw ddim bwyta gormod o losin–mae cinio mewn pum munud.

B. **YR IAITH AR WAITH**

Carol: Os ydych chi'n mynd yn dew fe ddylech chi golli pwysau.
Basil: Sut rydw i'n gallu colli pwysau?
Carol: Fe ddylech chi fwyta llai.
Basil: Llai o beth?
Carol: Llai o datws, sglodion. Ydych chi'n yfed cwrw?
Basil: Ydw.
Carol: Fe ddylech chi yfed llai o gwrw. A loncian.
Basil: Loncian?
Carol: Ie. Fe ddylech chi loncian bob dydd. Peidiwch â rhedeg. Rydych chi'n rhy hen i redeg!
Basil: Diolch yn fawr i chi!

C. **YMARFERION**

(i) Llenwch y bylchau:-
1. Ble ——————— hi ddal y bws?
2. Pryd ——————— ni adael y tŷ?
3. Beth ——————— i ei wneud?
4. Pwy ——————— ennill?
5. Pam ———————'r plant aros yn y tŷ?

(ii) Complete: *Fe ddylwn i* ... with the cues given:-
e.g. bwyta llai — Fe ddylwn i fwyta llai.
1. cadw'n heini
2. rhedeg
3. bwyta salad
4. cael cinio
5. mynd i'r gwely
6. cysgu drwy'r nos
7. codi'n gynnar
8. cadw'r lle'n daclus

(iii) Complete *llai o* ... with the following cues:-
1. potatoes
2. bread
3. food
4. beer
5. wine
6. work
7. children
8. paper

(iv) Using *Ddylwn i ddim* ... say what you shouldn't do when on holiday:-
e.g. Ddylwn i dim codi'n gynnar ....

CRYNONDEB O RAMADEG UNEDAU 25-32
SUMMARY OF GRAMMAR UNITS 25–32

1. **POSSESSIVE ADJECTIVES**
    1. my   = fy   (+ Nasal Mutation)
       e.g. cot - fy nghot (i)
    2. your = dy   (+ Soft Mutation)
       e.g. cot - dy got (di)
    3. his   = ei   (+ Soft Mutation)
       e.g. cot - ei got (e)
       her   = ei   (+ Aspirate Mutation)
       e.g. cot - ei chot (hi)

    1. our   = ein   (+ no mutation)
       e.g. cotiau - ein cotiau (ni)
    2. your = eich (+ no mutation)
       e.g. cotiau - eich cotiau (chi)
    3. their = eu   (+ no mutation)
       e.g. cotiau - eu cotiau (nhw)

    NOTE:–
    When *ei* (her), *ein* (our), and *eu* (their), are used in front of a *vowel*, we must add the letter '*h*'.

    e.g. ysgol   - ei hysgol (hi)
          enwau   - eu henwau (nhw)

2. a) Who is/are....?   - Pwy ydy (+ definite noun/pronoun)?
                          - Pwy mae (+ noun/pronoun *and* verb)?
                          - Pwy sydd....(+ indefinite noun, verb,
                                         adjective or adverbial phrase)?
    b) Who was/were..?   - Pwy oedd...?
    c) Who will be...?   - Pwy fydd...?
    d) Who walked (e.g.)? - Pwy gerddodd (e.g.)?

3. a) this/these   - hwn (m);   hon (f)   y rhain.
    b) that/those   - hwnna (m);   honna (f) y rheina.
       (When pointing at things or handling them).

4. a) Who owns?   - Pwy biau?
    b) Whose...?   - Use *pwy* **after** this noun
    e.g.   Whose coat? - Cot pwy?

5. **Favourite** – hoff (used **in front of** noun and causing a Soft Mutation.)

    e.g. my favourite book   - fy hoff lyfr (i)
          Dewi's favourite book   - hoff fwyd Dewi.

6. **to hate**

I hate	- Mae'n gas 'da fi (gen i–N.W.)
Alis hates	- Mae'n gas 'da Alis (gan Alis–N.W.)
They hate	- Mae'n gas 'da nhw (ganddyn nhw–N.W.)

This pattern in followed by a Soft Mutation.

e.g. Mae'n gas 'da nhw godi'n gynnar!

7. **to prefer to**

I prefer	- Mae'n well 'da fi (gen i–N.W.)
We prefer	- Mae'n well 'da ni (gennym ni–N.W.)

This pattern is followed by a Soft Mutation.

e.g. Mae'n well 'da hi gerdded.

8. **Present Tense Passive**

to hold (am event)	- cynnal
is (being) held	- yn cael ei gynnal (m)
	- yn cael ei chynnal (f)
	- yn cael eu cynnal (pl)

  e.g. eisteddfod–(f) Mae'r eisteddfod yn cael ei chynnal yn yr Wyddgrug.

9. | rhaid | - must/have to | |
|---|---|---|
| **affirmative** | - I must/have to | - Mae rhaid i fi |
| **negative** | - I don't have to | - Does dim rhaid i fi |

10. | a lot/much/many | - llawer o (+ S.M.) |
|---|---|
| enough/ plenty of | - digon o (+ S.M.) |

    e.g. llawer o *b*obol; digon o *w*aith

11. **if - os**

if you are	- os wyt ti
if the children are	- os ydy'r plant
if it is	- os *ydy* hi (never "os mae")
if it will be	- os bydd hi
if you've got.....	- os oes..... 'da chi

12. a) that...is/was– bod.....

    e.g. Rydw i'n meddwl *bod* Dewi'n gweithio heno.

  b)
1. that I am/was — fy mod i
2. that you are/were — dy fod ti
3. that he is/was — ei fod e
   that she is/was — ei bod hi

1. that we are/were — ein bod ni
2. that you are/were — eich bod chi
3. that they are/were — eu bod nhw

The above patterns are used:–

1. after verbs such as *"meddwl"* (to think); *credu* (to believe); *dweud* (to say); *clywed* (to hear)

    e.g. Fe glywais i **eu bod nhw'n** dost.

2. after *efallai* (perhaps) and *oherwydd/achos* (because)

    e.g. Rydw i'n mynd i'r gwely **achos fy mod i** wedi blino.

3. after *Mae'n flin 'da fi (ddrwg gen i)* – (I'm sorry).

    e.g. Mae'n flin 'da fi **ei fod e'n** dost

13. **should/ought to**

    a)
    1. I ought to — Fe ddylwn i
    2. You ought to — Fe ddylet ti
    3. he/she ought to — Fe ddylai e/hi

This pattern is followed by a Soft Mutation.

    e.g. Fe ddylet ti **f**ynd i'r gwely'n gynnar.

  b) **Negative**

    I ought not to   — Ddylwn i ddim
    There is no Soft Mutation in the negative.

        e.g. Fe ddylai hi **b**wyta bara.
             Ddylai hi ddim **b**wyta bara.

ATEBION/ANSWERS

UNED 1

(i) o Gaerdydd; o Gaernarfon; o Gaerffili; o Fangor; o Fedwas; o Frynmawr; o Lundain; o Lansteffan; o Ddyfed; o Ddolgellau.

(ii) yng Nghymru; yng Nghasnewydd; yng Nghlwyd; ym Mhowys; ym Mhenybont; ym Mhontypridd; ym Mangor; ym Mrechfa; ym Medwas; ym Mlaenau Ffestiniog.

(iii)
1. Ydych
2. Ble
3. o
4. Ydych
5. Oes

(iv)
1. Robert ydw i.
2. Rydw i'n byw ym Methesda.
3. O ble rydych chi'n dod?
4. Oes merch 'da chi? Oes.
5. Ydych chi'n byw yng Nghymru? Ydw.

(v)
1. Ydw.
2. —— ydw i.
3. Nac ydw.
4. Oes.
5. Tri. Dwy ferch ac un bachgen.

UNED 2

(i) Mae e'n ddwy/bedair/dair/ddeg/bump oed.

(ii)
1. Rydw i'n wyth oed.
2. Rydyn ni'n naw oed.
3. Mae Mair yn ddeg oed.
4. Mae Gwyn yn bump oed.
5. Maen nhw'n bedair oed.

(iii)
1. mae
2. yn
3. yn
4. yr
5. Maen
6. 'r
7. ar
8. rydych/ei

(iv)
1. Ble mae'r plant?
2. Beth maen nhw'n hoffi ei wneud?
3. Rydyn ni'n hoffi cerdded.
4. Rydw i'n chwech oed.
5. Beth mae Dewi'n hoffi ei wneud?

UNED 3

(i)
1. Dydw i ddim yn byw yng Nghaerdydd.
2. Dydych chi ddim yn hoffi siopa.
3. Dydw i ddim yn chwarae golff.
4. Dydych chi ddim yn hoffi coginio.
5. Dydw i ddim yn edrych ar y teledu nos Wener.

(ii) These are sample replies. You will, of course, give personal replies. The *italicized* part will remain unchanged.
1. *Rydw i'n hoffi* edrych ar y teledu.
2. *Rydw i'n byw* yn Nhreorci *er* 1937.
3. *Mae Jac yn Aberystwyth er* 1969.
4. *Fe es i'r* clwb.
5. *Fe aeth X* i Lanelli.
6. *Fe aeth fy ffrind i'r* eglwys.
7. *Dydw i ddim yn hoffi* coginio.
8. *Rydw i'n byw yng Nghymru er* 1935.

(iii) 1. Dydw i ddim yn byw yng Nghaerdydd.
2. Dydych chi ddim yn hoffi chwarae golff.
3. Ers pryd rydych chi'n briod?
4. Mae e'n byw yn Aberystwyth er 1945.
5. Ble aethoch chi i'r ysgol?
6. Fe es i'r dosbarth nos, nos Iau.
7. Fe aeth hi i dŷ Mam.
8. Fe aeth y plant i'r sinema.
9. Rydyn ni'n mynd i chwarae golff.
10. Fe aeth e i weld ffrind ddydd Gwener.

UNED 4

(i) 1. aethon
2. aeth
3. es
4. ni
5. aethoch

(ii) 1. Mi ddarllenon ni.
2. Mi gerddon ni.
3. Fe yfon ni.
4. Fe arhoson ni.
5. Fe fwyton ni.

(iii) 1. Roedd hi'n braf.
2. Roedd hi'n boeth.
3. Roedd y môr yn oer.
4. Roedd hi'n sych eleni.
5. Roedd hi'n ddiflas.
6. Sut roedd y tywydd?

(iv) 1. Fe arhoson ni yn y gwesty.
2. Sut aethoch chi?
3. Beth wnaethoch chi yn Aberystwyth y llynedd?
4. Es i ddim i Landudno.
5. Fe gerddon ni yn yr haul yn y wlad.

UNED 5

(i) 1. Maen nhw'n mynd i'r ysgol.
2. Maen nhw'n mynd i'r gwaith.
3. Maen nhw'n mynd i'r gwely.
4. Maen nhw'n mynd i'r swyddfa.
5. Maen nhw'n mynd i'r tŷ.

(ii) 1. Rydyn ni'n dod o'r gwaith am bump o'r gloch.

- (ii) 2. Rydyn ni'n dod o'r ysgol am bedwar o'r gloch.
  3. Rydyn ni'n dod o'r swyddfa am chwech o'r gloch.
- (iii) 1. Pryd rwyt ti'n dod o'r ysgol?
  2. Pryd rydych chi'n mynd i'r gwely?
  3. Pryd rydych chi'n codi?
  4. Pryd maen nhw'n dod o'r gwaith?
  5. Pryd mae Dafydd yn mynd i'r ysgol?
  6. Pryd mae te?
  7. Pryd mae cinio?
- (iv) 1. Rwyt
  2. Mae/i'r/o'r
  3. Rydyn/ar/o'r
  4. Faint/ydy
  5. n/gloch

UNED 6

- (i) 1. Hanner awr wedi un.
  2. Chwarter wedi pedwar.
  3. Chwarter i ddeuddeg.
  4. Chwarter i dri.
  5. Chwarter wedi saith.
  6. Hanner awr wedi deg.
  7. Chwarter i bedwar.
  8. Tua phump o'r gloch.
  9. Am ddau o'r gloch.
  10. Tua thri o'r gloch.
  11. Am chwarter i ddeuddeg.
- (ii) These are possible replies. You will give personal replies but the part of the answer that is *italicized* won't change.
  1. *Rydw i'n codi am* chwarter i saith.
  2. *Rydw i'n cael brecwast am* chwarter i wyth.
  3. *Rydw i'n gadael y tŷ am* chwarter wedi wyth.
  4. *Rydw i'n cyrraedd y gwaith am* naw o'r gloch.
  5. *Rydw i'n cael coffi am* un-ar-ddeg o'r gloch.
  6. *Rydw i'n cael cinio am* chwarter i un.
  7. *Rydw i'n gadael y gwaith am* bedwar o'r gloch.
  8. *Rydw i'n cael te am* hanner awr wedi pump.
  9. *Mae ffilm ar y teledu am* hanner awr wedi saith.
  10. *Rydw i'n mynd i'r gwely am* hanner awr wedi deg.
- (iii) These are possible replies:—
  1. Ydych chi'n mynd i rywle bore yfory?
  2. Mae e'n aros yn y tŷ heno.
  3. Ydych chi'n mynd i'r tafarn nos yfory?
  4. Mae hi'n codi y prynhawn 'ma.
  5. Pryd maen nhw'n cyrraedd yfory?
  6. Ble mae e y bore 'ma?
- (iv) These are possible questions:-
  1. Pryd rydych chi'n cael te?
  2. Ydych chi eisiau dod?
  3. Pryd mae Tom yn mynd allan?
  4. Ydych chi eisiau dod i'r sinema heno?
  5. Ydych chi'n mynd i'r clwb?

6. Pryd aethoch chi i'r gwely?
7. Pryd aethoch chi i'r eglwys?
8. Ydych chi'n mynd i rywle ddydd Sadwrn?

UNED 7

(i) i frecwast; i de; i swper; i ginio.
(ii) 1. Beth ydych chi ei eisiau i frecwast?
2. Beth ydych chi'n ei yfed i de?
3. Beth ydych chi'n ei hoffi i ginio?
4. Beth ydych chi'n ei fwyta i swper?
5. Beth ydych chi'n ei gael i ginio?
(iii) 1. Ydw.
2. Ydy.
3. Ydyn.
4. Ydyn.
5. Ydych. Wyt.

UNED 8

(i) 1. Dydw i ddim yn hoffi cawl.
2. Dydyn nhw ddim eisiau sosej i frecwast.
3. Dydy e ddim yn mynd i'r gwaith ar y trên.
4. Dydyn ni ddim yn cael cinio am un o'r gloch.
5. Dydy'r plant ddim yn mynd i'r ysgol ar y bws.
6. Beth dwyt ti ddim yn ei hoffi?
(ii) 1. chi ddim
2. Dydyn
3. Dydy/yn
4. Wyt
5. Rwyt/ei/i/fel
(iii) 1. llysiau
2. caws
3. cawl
4. sglodion
5. ffrwythau

UNED 9

(i) These are possible answers. You, of course will give personal replies to these questions.
1. Nac oes, does dim brawd 'da fi.
2. Nac ydy, bu farw e yn 1968.
3. Nac ydy, mae hi'n byw yn Llanelli.
4. Mae fy rhieni wedi marw./Mae'n nhw'n byw yng Nghaerdydd.
5. Fe aeth fy mhlant i'r sinema neithiwr.
6. Ydy, bu hi farw yn 1976.
7. Bu farw fy nhad-cu yn 1956.
8. Rydw i'n gweld fy chwaer unwaith y mis.
9. Rydw i'n gweld fy rhieni ddwywaith y flwyddyn.
10. Fe aeth fy mrawd i'r tafarn.
(ii) 1. Mae fy nhad i yn fyw hefyd.
2. Mae fy mam i yn y tŷ hefyd.
3. Mae fy mrawd i yn Abertawe hefyd.
4. Mae fy mam-yng-nghyfraith i ma's hefyd.

- 5. Mae fy nghar i yng Nghaerdydd hefyd.
- 6. Mae fy mrawd i yn ysgrifennu hefyd.
- 7. Mae fy chwaer i yn bymtheg hefyd.
- 8. Mae fy mhlant i yng Nghaerdydd hefyd.

(iii)
1. Bu farw David Lloyd George yn 1945.
2. Bu farw John F. Kennedy yn 1963.
3. Bu farw Martin Luther King yn 1968.
4. Bu farw John Lennon yn 1980.
5. Bu farw David Livingstone yn 1873.
6. Bu farw Richard Burton yn 1984.
7. Bu farw Dylan Thomas yn 1953.
8. Bu farw William Shakespeare yn 1616.

(iv) These are specimen answers. Answers will, of course vary from person to person.
1. Rydw i'n bwyta dair gwaith y dydd.
2. Rydw i'n cael bath bedair gwaith yr wythnos.
3. Rydw i'n gweld fy rhieni unwaith y mis.
4. Rydw i'n siopa ddwywaith yr wythnos.
5. Rydw i'n sgrifennu llythyr unwaith yr wythnos.
6. Rydw i'n mynd i Gaerdydd bum gwaith y flwyddyn.
7. Rydw i'n mynd i'r eglwys unwaith yr wythnos.
8. Rydw i'n mynd am dro chwe gwaith y mis.

UNED 10

(i)
1. Rydw i wedi prynu anrhegion.
2. Ydyn nhw wedi anfon llythyr at Sion Corn?
3. Mae Esther wedi addurno'r lolfa.
4. Beth mae hi wedi ei wneud?
5. Rydych chi wedi cael twrci.

(ii)
1. Rydw i wedi prynu coeden Nadolig.
2. Maen nhw'n cael gŵydd i ginio Nadolig.
3. Beth mae Minny wedi ei brynu i Alis?
4. Pryd rydych chi'n codi ar fore Nadolig?
5. Mae e wedi gorffen siopa hefyd.

UNED 11

(i)
1. Beth gawsoch chi?
2. Beth goginioch chi?
3. Beth wnaethoch chi?
4. Beth anfonoch chi?
5. Beth brynoch chi?
6. Beth 'sgrifennoch chi?
7. Beth addurnoch chi?
8. Beth fwytoch chi?
9. Beth yfoch chi?
10. Beth weloch chi?

(ii)
1. Ble cawsoch chi'r car?
2. Ble gweloch chi'r plant?
3. Ble bwytoch chi eich cinio?
4. Ble gwnaethoch chi eich gwaith cartref?
5. Ble aethoch chi ar eich gwyliau?

(iii)
1. Gawsoch chi ginio Nadolig?
2. Fwytoch chi'r ffowlyn?

    3. Godoch chi am wyth o'r gloch?
    4. Fwynheuoch chi siopa?
    5. Wrandawoch chi ar y radio?
    6. Weloch chi John yn yr ysgol?
    7. Brynoch chi gaws?
(iv) 1. Fe brynais i gar …
    2. Fe welais i blant …
    3. Fe ges i de …
    4. Fe goginiais i gig …
    5. Fe 'sgrifennais i lythyron …

UNED 12

(i) 1. Fe gafodd David Lloyd George ei eni ym Manceinion.
    2. Fe gafodd Richard Burton ei eni ym Mhont-rhyd-y-fen.
    3. Fe gafodd Sian Phillips ei geni ym Mhontardawe.
    4. Fe gafodd Gareth Edwards ei eni yng Ngwauncaegurwen.
    5. Fe gafodd Nerys Hughes ei geni yn y Rhyl.
    6. Fe gafodd Sarah Siddons ei geni yn Aberhonddu.
(ii) These answers will vary from person to person.
    1. *Fe ges i fy ngeni* yn Llwynypia.
    2. *Fe gafodd fy nhad ei eni* yn Nhreorci.
    3. *Fe gafodd fy mam ei geni* yng Nghwmparc.
    4. *Fe gafodd Winstone Churchill ei eni* ym Mhlas Blenheim.
    5. *Fe gafodd fy mrawd ei eni* yn Aberdaron.
    6. *Fe gafodd fy chwaer ei geni* ym Mhwllheli.
    7. *Fe gafodd fy mam-gu ei geni* ym Merthyr.
    8. *Fe gafodd fy nhad-cu ei eni* ym Mhontypridd.
(iii) These are sample replies.
    1. *Roeddwn i'n arfer mynd i'r ysgol* yn y Bala.
    2. *Roeddwn i'n arfer cael bath* ar nos Wener.
    3. *Roeddwn i'n arfer hoffi* garddio.
    4. *Roeddwn i'n arfer chwarae* snwcer.
    5. *Roeddwn i'n arfer hoffi bwyta* sbageti.
    6. *Roedden ni'n arfer byw* yn Llandudno.
    7. *Roeddwn i'n arfer mynd ar fy ngwyliau* i Aberystwyth.

UNED 13

(i) 1. fy mhen-blwydd (i)
    2. fy mhlant (i)
    3. fy ngŵr (i)
    4. fy ngwraig (i)
    5. fy chwaer (i)
    6. fy nhad (i)
    7. fy mrawd (i)
    8. fy mam (i)
    9. fy merch (i)
    10. fy mab (i)
(ii) 1. mae
    2. fy
    3. eich
    4. faint/beth

(iii) 1. pen-blwydd Basil
2. eich pen-blwydd (chi)
3. pen-blwydd fy mam (i)
4. pen-blwydd fy mrawd-yng-nghyfraith (i)
5. pen-blwydd eich chwaer (chi)
6. fis Mai diwethaf
7. fis Mehefin nesaf
8. wn i ddim
9. Dydd Gŵyl Dewi
10. pen-blwydd fy mhlant (i)

UNED 14

(i) Mae'n 1. ddiflas
2. wlyb
3. wyntog
4. braf
5. gynnes
6. dwym
7. boeth
8. hyfryd
(ii) Mae'n eithaf ... diflas/gwlyb, etc.
(iii) 1. sych
2. gwyntog
3. cynnes
4. eithaf
5. gwanwyn
6. bwrw
7. cesair
8. gallu
(iv) 1. Ydy hi'n wyntog? Nac ydy.
2. Roedd hi'n oer neithiwr.
3. Roedd hi'n ddiflas drwy'r amser.
4. Dydy hi ddim yn gynnes iawn heddiw.
5. Mae hi'n dwym iawn yn yr haf.
6. Mae'n gallu bod yn niwlog iawn yn yr Hydref.
7. Ydy hi'n bwrw glaw? Nac ydy.
8. Rydyn ni'n hoffi cerdded yn y glaw.
9. Mae'n braf heddiw ond roedd hi'n ddiflas iawn ddoe.
10. Roedd hi'n eithaf stormus yn ystod y gwyliau.

UNED 15

(i) 1. Mae rhaid i Dewi fynd.
2. Mae rhaid i ti gysgu.
3. Mae rhaid iddyn nhw fyw.
4. Mae rhaid i ni chwarae.
5. Mae rhaid i'r plant ddod.
6. Mae rhaid iddi hi wnïo.
7. Mae rhaid iddo fe olchi'r car.
8. Mae rhaid iddyn nhw edrych ar y teledu.
(ii) These answers will vary from person to person. The part of the sentence *italicized* will probably be the same in every reply.

1. *Mae rhaid i ni* fwyta *bob dydd.*
2. *Mae rhaid i'r plant* ymolchi *bob bore.*
3. *Roedd rhaid i fi* arddio *neithiwr.*
4. *Mae rhaid iddi hi* ddarllen y papur.
5. *Mae rhaid i chi (ti)* weithio yn yr ysgol.

(iii) These are possible replies.
1. *Mae rhaid i fi* fynd i'r gwaith *bob bore.*
2. *Mae rhaid i fi* weithio *bob prynhawn.*
3. *Mae rhaid i fi* fwyta ac yfed *bob dydd.*
4. *Mae rhaid i fi* fynd i'r gwely *bob nos.*

UNED 16

(i) 1. ar 2. arnat 3. arnoch 4. 'da/gen 5. arnyn 6. arnon 7. arnaf 8. gen 9. 'da/gennym 10. arni.

(ii)
1. Beth sy'n bod arni hi?
2. Mae'r frech goch arnon ni.
3. Beth oedd yn bod arnoch chi?
4. Mae pen tost 'da Dewi.
5. Roedd y dwymyn doben arnyn nhw.

(iii)
1. Roedd ffliw arnaf i.
2. Mae cefn tost 'da hi/Mae poen cefn ganddi hi.
3. Mae gwres ar John/arno fe.
4. Mae'r frech goch arnyn nhw.
5. Mae coes dost 'da ti/'da chi. Mae coes boenus gen ti/gennych chi.

UNED 17

(i) 1. Sul 2. Pasg 3. Gŵyl/cyntaf 4. Dydd/y

(ii)
1. Pwy ydyn nhw?
2. Pwy ydy hi?
3. Pwy wyt ti?
4. Pwy ydych chi?
5. Pwy ydy'r plant?
6. Pwy ydy ei rieni (e)?
7. Pwy ydy chwaer John?

(iii)
1. Sain Andrew ydy nawddsant yr Alban.
2. Sain George ydy nawddsant Lloegr.
3. Sain Padrig ydy nawddsant Iwerddon.

(iv) Sut mae ei: 1. ben 2. gefn 3. fraich 4. glust 5. droed 6. law 7. goes 8. beswch (e)?

(v)
1. Pam rwyt ti/rydych chi'n wlyb?
2. Pam mae gwres arnat ti?
3. Pam prynodd hi'r llyfr 'na?
44. Pam dydyn nhw ddim eisiau dod?
5. Pam maen nhw'n dathlu?
6. Pam aeth e i fyw i Iwerddon?

UNED 18

(i)
1. Tynna dy grys.
2. Gwisga dy ddillad.
3. Golcha dy drowsus.
4. Yfa dy goffi.

5. Bwyta dy fara menyn.
6. Symuda dy esgidiau.
7. Taclusa dy 'stafell.
8. Coda dy lyfrau.
(ii) 1. Paid gwisgo dy got.
2. Paid mynd i'r gwely.
3. Paid taflu dy ddillad ar y llawr*.
4. Paid dod i'r tŷ heno.
5. Paid codi'n hwyr.
6. Paid symud y papurau.
7. Paid dihuno'n gyflym.
8. Paid yfed y ddiod.

* You could also say *Paid â thaflu dy ddillad* for example.

(iii) 1. Rydw i'n hoffi dy dei.
2. Gwisga dy siwt heddiw
3. Tynna dy ddillad a cere (dos) i'r gwely.
4. Doda dy esgidiau yn y cwpwrdd.
5. Symuda dy flows nawr.
6. Cere (dos) i weld y ffilm.
7. Paid (â) mynd i'r gwely nawr.
8. Paid (â) bod yn swnllyd yn yr ysgol.
9. Paid (â) bod yn hir yn dod i'r gwely.
10. Paid (ag) yfed a gyrru.

UNED 19

(i) 1. Wyt ti'n hoffi hufen-iâ? Ydw.
2. Wyt ti wedi prynu car newydd? Nac ydw.
3. Oes rhaid i ti fynd i Landudno yfory? Oes.
4. Anfonaist ti gerdyn at Dewi? Do.
5. Ga' i eistedd yma? Cei.
6. Pryd torraist ti dy goes?
7. Oeddet ti yn y gwaith ddydd Sadwrn? Nac oeddwn.
8. Ddarllenaist ti yn yr ysgol heddiw? Naddo.
9. Beth wnest ti (wnaethoch chi) y bore 'ma?
(ii) 1. Wyt; 2. Welaist; 3. oeddet; 4. est; 5. wnest.
(iii) 1. Ydw; 2. Naddo; 3. Ydw; 4. Do; 5. Cei; 6. Nac oes;
7. Oeddwn; 8. Oedd.

UNED 20

(i) 1. Mae e'n fyr fel ei fam.
2. Mae hi'n dew fel ei thad.
3. Mae ei wallt e'n dywyll.
4. Mae'n debyg i'w thad.
(ii) 1. Oes gwallt byr 'da fe/ganddo fe?
2. Ydy ei wallt e'n syth?
3. Ydy ei gwallt hi'n hir?
(iii) Mae gwallt cyrliog/tywyll/golau/byr/syth 'da hi/ganddi hi.
(iv) Ble mae:
1. ei phlant hi?
2. ei thad hi?
3. ei mam hi?

- 4. ei chartref hi?
- 5. ei choffi hi?
- 6. ei hysgol hi?
- 7. ei chot hi?

(v)
1. Mae Alis yn debyg i'w mam.
2. Ydy Alis yn debyg i'w brawd?
3. Mae Alun yn debyg i'w frawd.
4. Ydy Alun yn debyg i'w fam?
5. Mae hi'n debyg i'w thad.
6. Mae e'n debyg i'w dad-cu/daid.
7. Ydy hi'n debyg i'w chwaer?
8. Mae e'n debyg i'w chwaer.

(vi)
1. I bwy mae hi'n debyg?
2. I bwy mae e'n debyg?
3. I bwy maen nhw'n debyg?
4. Ydy hi'n dal fel ei thad?
5. Ydy e'n fyr fel ei fam?
6. Mae llygaid fel fy rhieni 'da fi/gen i.
7. Mae trwyn fel fy nhad 'da nhw/ganddyn nhw.
8. Mae llais fel fy nhad-cu/nhaid 'da fi/gen i.

UNED 21

(i)
1. Rydw i'n hoffi'r bachgen 'ma.
2. Rydw i wedi gweld y llyfr 'na.
3. Rydw i'n hoffi'r dillad 'ma.
4. Rydw i wedi gweld y papurau 'ma.
5. Rydw i'n hoffi'r record 'ma.
6. Rydw i wedi gweld y siop 'na.
7. Rydw i'n hoffi'r bechgyn 'ma.
8. Rydw i wedi gweld y lluniau 'na.

(ii) These are possible replies:–
1. Rydw i'n mynd i'r ysgol y bore 'ma.
2. Rydw i'n mynd i Gaerdydd heddiw.
3. Rydw i'n mynd i'r gwaith y prynhawn 'ma.
4. Rydw i'n mynd i'r clwb heno.
5. Rydw i'n mynd i Sweden eleni.
6. Rydw i'n mynd i Glasgow y mis 'ma.

(iii)
1. Pwy biau'r tŷ 'na? Fe.
2. Pwy biau'r bwyd 'ma? Ni.
3. Pwy biau'r ffrog 'na? Hi.
4. Pwy biau'r te 'ma? Fi.
5. Pwy biau'r llun 'na? Ti.
6. Pwy biau'r dillad 'ma? Y plant.
7. Pwy biau'r rhaglenni 'ma? Nhw.
8. Pwy biau'r pen 'ma? Tom.

(iv)
1. Pwy biau hwn?
2. Tom biau'r rheina.
3. Fi biau hwnna.
4. Nhw biau hon.
5. Sam biau'r rhain.
6. Hi biau hon.

UNED 22

(i)
1. Mi/Fe fydd Elisabeth Taylor ......
2. Fydd hi ddim yn mynd .....
3. Fe fyddaf i'n aros ....
4. Fe fyddwch chi'n symud ......
5. Fyddi di ddim yn effro.
6. Fydda' i ddim yn mynd ......
7. Pryd byddwn ni'n cael .....?
8. Fe fydd y plant ....
9. Ble bydd yr Eisteddfod ....?
10. Fyddan nhw ddim yn addurno .....

(ii) 1. fydd; 2. nhw; 3. byddwch; 4. fyddwn; 5. Fyddi.

(iii)
1. Mi/Fe fyddwch chi'n cael cinio poeth.
2. Pryd byddwn ni'n gorffen?
3. Fe fydd hi'n eistedd wrth y drws.
4. Fyddan nhw ddim gartref.
5. Ble byddi di'n cysgu?

(iv)
1. Sut bydd hi'n dod?
2. Fyddaf i ddim yma yfory.
3. Fe/Mi fyddan nhw'n edrych ar y teledu.
4. Ble byddwch chi'n canu?
5. Fe fydd yn rhaid i'r plant weithio'n galed.

(v)
1. Fe fydd y bechgyn (Fe fyddwn ni) yn cael cinio am un o'r gloch.
2. Fe fyddaf i (Fe fyddwn ni)'n teithio mewn awyren.
3. Fe fyddwch chi (Fe fyddi di)'n cysgu ar y llawr.
4. Fe fyddaf i'n cael cig moch i frecwast.
5. Y Prifathro fydd Basil yn ei weld heno (emphatic pattern).
   Fe fydd Basil yn gweld y prifathro heno. (normal pattern).

UNED 23

(i) 1. Fydd e?; 2. Fydd hi?; 3. Fyddwn ni?; 4. Fyddaf i?; 5. Fydd y plant?; 6. Fydd y trên?; 7. Fyddwch chi?; 8. Fyddi di?.

(ii) 1. Bydd 2. Byddaf 3. Byddan 4. Byddaf 5. Byddan.

(iii)
1. Ble byddan nhw?
2. Pryd bydd yr ysgol yn dechrau?
3. Sut byddi di/byddwch chi'n mynd?
4. Pwy fydd yno?
5. Beth fyddan nhw'n ei wneud?

(iv)
1. Fyddi di'n mynd i ffwrdd dros y Sul?
2. Fyddan nhw'n mynd â'r plant?
3. Pryd bydd hi'n dod 'nôl?
4. Fyddaf i yno ar fy mhen fy hunan?
5. Pryd byddwn ni'n ymadael?
6. Fyddwn ni ddim yn hwyr.
7. Fyddi di/Fyddwch chi'n gynnar?
8. Fe fyddwn ni'n dal y trên am ddau o'r gloch.
9. Fydd y plant yn gallu dod?

UNED 24

(i) These are possible answers. Yours might be different.
1. Rydych chi i fod i aros.

    Rydych chi i fod i edrych i'r dde ac i'r chwith.
    Rydych chi i fod i groesi'n gyflym.
  2. Rydych chi i fod i gloi'r drws a'r ffenestri.
    Rydych chi i fod i stopio'r papurau.
    Rydych chi i fod i ddweud wrth yr heddlu.
  3. Rydych chi i fod i edrych yn y drych.
    Rydych chi i fod i roi arwyddion.
    Rydych chi i fod i yrru'n ofalus.
(ii) Once more these are only possible answers:—
  Rydw i fod i arddio.
  Mae fy mab i fod i fynd i'r ysgol.
  Mae fy ngwraig i fod i goginio.
  Mae fy merch i fod i 'sgrifennu llythyr.
  Mae fy mam i fod i lanhau'r tŷ.
(iii) 1. Ie; 2. Nage; 3. Ie; 4. Nage; 5. Ie; 6. Nage.
(iv) These are only possible answers:—
  Dennis Thatcher ydy gŵr Margaret Thatcher? Ie.
  Syr Edmund Hillary ddringodd Everest? Ie.
  Chi biau eich tŷ? Ie.
  Yn Lloegr mae Caerdydd? Nage.
  Ar ddydd Mercher rydych chi'n mynd i'r eglwys? Nage.
  Veronica oedd enw eich ffrind? Nage.

UNED 25

(i) 1. ysgrifennodd; 2. oedd; 3. fydd; 4. mae; 5. ydy; 6. enillodd; 7. sy'; 8. sy'.
(ii) 1. Pwy dorrodd y ffenest?
  2. Pwy oedd hwnna/honna ar y ffôn?
  3. Pwy fydd yn canu yn yr Opera?
  4. Pwy mae Carol yn ei weld yn y siop?
  5. Pwy sy'n cerdded i'r ysgol yn y bore?
  6. Pwy sy'n rhy dew?
  7. Pwy gyfansoddodd y "Moonlight Sonata"?
  8. Pwy ydy'r dyn wrth y drws?
(iii) 1. Y plant sy'n chwarae yn y parc.
  2. Fy ngŵr (i) fwytodd y sglodion.
  3. Mrs. Thatcher ydy'r Prif Weinidog.
  4. Bethan mae Bob yn ei hoffi.
  5. Ni fydd yn canu'r piano heno.

UNED 26

(i) 1. Cot pwy ydy hon?
  2. Tei pwy ydy honna?
  3. Coffi pwy ydy hwnna?
  4. Tŷ pwy ydy hwn?
  5. Tŷ pwy ydy hwnna?
  6. Siwmper pwy ydy honna?
(ii) 1. Ei gar e ydy e.
  2. Eu llyfrau nhw ydyn nhw.
  3. Ei llun hi ydy e.
  4. Dy gardigan di ydy hi.
  5. Eich siwt chi ydy hi.

(iii) Pwy ydy eich hoff actor/gyfansoddwr/ganwr/gantores?
(iv) Beth ydy eich hoff fwyd/bapur/record/ddarn o gerddoriaeth/ddiod/gêm?

UNED 27
(i) 1. Mae'n gas 'da Tom gael bath.
2. Mae'n gas 'da hi weithio.
3. Mae'n gas 'da nhw olchi.
4. Mae'n gas 'da ni dacluso.
5. Mae'n gas 'da fe goginio.
6. Mae'n gas 'da chi arddio.
7. Mae'n gas 'da ti beintio.
8. Mae'n gas 'da chi wisgo siwt.
(ii) These are possible answers.
1. Mae'n gas 'da fi olchi.
Mae'n gas 'da fi lanhau
Mae'n gas 'da fi smwddio.
2. Mae'n gas 'da'r plant ymolchi.
Mae'n gas 'da'r plant gael bath.
Mae'n gas 'da'r plant fynd i'r gwely.
(iii) These are possible replies.
1. Mae'n gas 'da fi fwyta margarin.
2. Mae'n gas 'da fi weld ffilmiau cowboi.
3. Mae'n gas 'da fy ffrind wisgo siwt.
4. Mae'n gas 'da fi weithio ar ddydd Sadwrn.
5. Mae'n gas 'da fi fynd i Blackpool.
6. Mae'n gas 'da fi siarad amser brecwast.
(iv) 1. Mae'n gas 'da hi lanhau. Mae'n well 'da hi goginio.
2. Mae'n gas 'da'r plant weithio. Mae'n well 'da nhw chwarae.
3. Mae'n gas 'da fe beintio. Mae'n well 'da fe drwsio'r tŷ.
4. Mae'n gas 'da ni gig. Mae'n well 'da ni lysiau.
5. Mae'n gas 'da chi'r dre'. Mae'n well 'da chi'r wlad.

UNED 28
(i) 1. Mae hi'n cael ei chynnal yn y gogledd a'r de bob yn ail.
2. Pobl ifanc sy'n cystadlu yn Eisteddfod yr Urdd.
3. Bydd. Fe fydd ......
4. Mae'r Eisteddfod Genedlaethol yn cael ei chynnal ym mis Awst.
5. Pafiliwn, stondinau ac ati sydd ar y Maes (emphatic).
Mae Pafiliwn, stondinau ac ati ar y Maes (normal).
(*ac ati* - and so on).
(ii) 1. Mae'r pwyllgor yn cael ei gynnal yr wythnos nesaf.
2. Fe fydda(f) i'n mynd i'r ddwy eisteddfod genedlaethol.
3. Fe fyddan nhw'n aros mewn carafan yn yr Eisteddfod Ryngwladol.
4. Rydw i fel arfer yn mwynhau'r dawnsio a'r canu.
5. Brynoch chi rywbeth ar y stondinau? Do.
(iii) 1. mam a thad.
2. eisteddfod a phwyllgor.
3. tref a phentref.
4. te a choffi
5. teisen a tharten.
(iv) 1. llawer o bobl.
2. llawer o blant.

3. llawer o fynd a dod.
4. llawer o fwyd.
5. llawer o ddillad.

UNED 29

(i) 1. os ydyn nhw; 2. os wyt ti; 3. os ydyn ni; 4. os ydy hi; 5. os ydy'r tywydd.
(ii) 1. os ydy e …; 2. os ydyn ni …; 3. os ydyn nhw …; 4. os wyt ti …; 5. os ydw i …
(iii) 1. Os ydy hi'n braf, (rwyt ti'n gallu mynd ma's i chwarae).
    2. Os ydy hi'n wyntog, (dydw i ddim yn mynd am dro).
    3. Os ydy hi'n wlyb, (mae rhaid i fi fynd i 'nôl y plant o'r ysgol).
    4. Os ydy hi'n dwym iawn (yn y 'stafell, agora'r ffenestr).
    5. Os ydy hi'n oer (allan, gwisga got).
(iv) 1. Dydy e ddim yn gallu mynd os nad ydy e'n un deg pedair oed.
    2. Dydy hi ddim yn gallu mynd os nad ydy hi'n ddeg oed.
    3. Dydyn nhw ddim yn gallu mynd os nad ydyn nhw'n ddeuddeg oed.
    4. Dydy'r plant ddim yn gallu mynd os nad ydyn nhw'n bump oed.
(v) 1. Os oes llwnc tost 'da hi, mae rhaid iddi fynd i'r gwely.
    2. Os oes gwres arnyn nw, mae rhaid iddyn nhw aros yn y tŷ.
    3. Os oes ffliw arnat ti, mae rhaid i ti gymryd tabledi.
    4. Os oes annwyd ar John, mae rhaid iddo fe beidio (â) nofio.

UNED 30

(i) 1. Rydyn ni'n meddwl bod y papur ar y bwrdd.
    2. Roeddet ti'n credu bod y dyn yn y gwaith.
    3. Maen nhw'n gobeithio bod y syrcas yn y dre'.
    4. Ydych chi'n siŵr bod annwyd arno fe?
    5. Mae hi'n meddwl bod pen tost 'da Dewi.
    6. Roedd Sam yn gwybod bod Tom yn y tŷ.
    7. Roeddwn i'n gobeithio bod y tywydd yn braf.
    8. Oedd y ferch yn credu bod y bwyd yn y cwpwrdd?
(ii) These are possible answers:—
    1. Rydw i'n meddwl bod bwyd Ffrainc yn hyfryd.
    2. Rydw i'n meddwl bod tywydd Cymru'n ddiflas.
    3. Rydw i'n credu bod 'Hamlet' yn gyffrous.
    4. Rydw i'n credu bod 'Panorama' yn ddiddorol.
    5. Rydw i'n meddwl bod ffilmiau 'James Bond' yn wael.
    6. Rydw i'n credu bod yr Arlywydd Reagan yn ofnadwy.

UNED 31

(i) 1. Fe ddywedodd hi ei bod hi'n sâl/dost.
    2. Rydw i'n meddwl ei fod e gartref.
    3. Wyt ti'n credu eu bod nhw'n dod?
    4. Roedden ni'n meddwl ein bod ni'n well.
    5. Glywoch chi fy mod i yn Sbaen yr wythnos diwethaf?
(ii) 1. fy mod; 2. ein bod; 3. bod; 4. bod nhw'n; 5. eich bod.
(iii) 1. Ydych chi'n gwybod ei bod hi yn yr ysgol?
    2. Roedden ni'n meddwl dy fod ti'n dost.
    3. Mae e'n gobeithio ei bod hi'n braf y prynhawn 'ma.
    4. Roedd hi'n credu ein bod ni yn y gwaith.
    5. Fe ddywedon nhw eich bod chi'n gallu dod.

UNED 32

(i) 1. dylai; 2. dylen; 3. ddylwn; 4. ddylai; 5. dylai.
(ii) Fe ddylwn i ...
   1. gadw'n heini
   2. redeg
   3. fwyta salad
   4. gael cinio
   5. fynd i'r gwely
   6. gysgu drwy'r nos
   7. godi'n gynnar
   8. gadw'r lle'n daclus
(iii) llai o: 1. datws
   2. fara
   3. fwyd
   4. gwrw
   5. win
   6. waith
   7. blant
   8. bapur

GEIRFA — VOCABULARY

g–gwrywaidd (masculine)   b– benywaidd (feminine)

A

a/ac	– and
Aberhonddu	– Brecon
Abertawe	– Swansea
ac ati	– etc.
actio	– to act
actor-ion (g)	– actor
actores-au (b)	– actress
achos	– because
adeilad-au (g)	– building
adeiladu	– to build
adnabod	– to know, recognise
adref	– home
adrodd	– to recite
addurno	– to decorate
afal-au (g)	– apple
agor	– to open
(yr) Alban	– Scotland
(yr) Almaen	– Germany
allan	– out
am	– at, for
ambell waith	– once
am dro	– for a walk
aml	– often
amser (g)	– time
anfon	– to send
anffodus	– unfortunate
anniddorol	– uninteresting
annwyd (g)	– cold
anrheg (b)	– present
ar	– on
araf	– slow
arafu	– to slow down
arall	– other
ar draws	– across
ar ddihun	– awake
arfer	– to be used to
ar fy mhen fy hun	– on my own
arian (g)	– money
arlywydd-ion (g)	– president
aros	– to stay, stop
artist-iaid (g)	– artist
ar unwaith	– at once
ar waith	– at work
arweinydd-ion (g)	– conductor, leader
arwydd-ion (g)	– sign
at	– to
ateb-ion (g)	– to answer
athrawes-au (b)	– lady teacher
athro(athrawon) (g)	– man teacher
awdur-on (g)	– author
awr (oriau) (b)	– hour
Awst	– August
awyren-nau (b)	– aeroplane

B

bach	– small
bachgen (bechgyn) (g)	– boy
bag-iau (g)	– bag
bara menyn	– bread and butter
beth	– what
bisgedi	– biscuits
blasus	– tasty
ble	– where
bob	– every
bob yn ail	– every other
bod	– to be
bod	– that
bore-au (g)	– morning
(y) bore 'ma	– this morning
bore yfory	– tomorrow morning
braf	– fine
braich (breichiau) (b)	– arm
brawd (brodyr) (g)	– brother
brawd-yng-nghyfraith (g)	– brother-in-law
brecwast (g)	– breakfast
brech yr ieir	– chicken pox
brechdan-au (b)	– sandwich
brodyr	– brothers
bu farw	– died
bwrdd (byrddau) (g)	– table
bwriadu	– to intend to
bwrw cesair	– to hail
bwrw cenllysg	– to hail
bwrw eira	– to snow
bwrw glaw	– to rain
bws (bysiau) (g)	– bus
bwthyn (bythynnod) (g)	– cottage
bwyd-ydd (g)	– food
bwyta	– to eat
bydd	– will be
byr	– short
byth	– ever, never
byw	– to live

C

cacen-nau (b)	– cake
cadw	– to keep

159

cael	– to have	credu	– to believe
Caerdydd	– Cardiff	crefft-au (b)	– craft
caled	– hard	croesi	– to cross
canol	– centre, middle	crwydro	– to wander
cant	– hundred	crys-au (g)	– shirt
cantores (b)	– lady singer	cur pen (N.W.)	– headache
canu	– to sing	cwrdd â	– to meet
canu'r piano	– to play the piano	cwpwrdd (cypyrddau) (g)	– cupboard
canwr (cantorion) (g)	– singer	cwpwrdd dillad (g)	– wardrobe
capel-i (g)	– chapel	cwrw (g)	– beer
car (ceir) (g)	– car	cychwyn	– to start
cardiau	– cards	cyfansoddi	– to compose
cardigan (b)	– cardigan	cyfansoddwr (g)	– composer
cario	– to carry	cyfieithu	– to translate
cartref-i (g)	– home	cyflym	– fast, quick
cas	– nasty	cyffrous	– exciting
Casnewydd	– Newport	cyngerdd	
castell (cestyll) (g)	– castle	(cyngherddau) (b/g)	– concert
cau	– to close	Cymru	– Wales
cawl (g)	– soup	cymryd	– to take
caws (g)	– cheese	cynnal	– to hold
cefn-au (g)	– back	cynnar	– early
ceffyl-au (g)	– horse	cynnes	– warm
cenedlaethol	– national	cyntaf	– first
cenllysg	– hailstones	cyrliog	– curly
cer/e!	– go!	cyrraedd	– to reach, arrive at
cerdyn (cardiau) (g)	– card	cysgu	– to sleep
cerdded	– to walk	cystadleuaeth	
cerddoriaeth (b)	– music	(cystadlaethau) (b)	– competition
cesair	– hailstones	cystadlu	– to compete
ci (cŵn) (g)	– dog	cyweirio	– to repair
cicio	– to kick	cyw iâr (g)	– chicken
cig-oedd (g)	– meat		
cig-moch	– bacon	**CH**	
cinio (g)	– dinner	chwaer (chwiorydd) (b)	– sister
cloi	– to lock	chwaer-yng-nghyfraith (b)	– sister-in-law
clust-iau (g)	– ear	chwarae	– to play
clwb (clybiau) (g)	– club	chwarter	– quarter
cnau	– nuts	chwech	– six
coch	– red	Chwefror	– February
codi	– to get up, rise	chi	– you
coeden (coed) (b)	– tree	chwith	– left
coes-au (b)	– leg		
cofio (am)	– to remember	**D**	
coffi (g)	– coffee	da	– good
coginio	– to cook	'da (gyda)	– with
coleg-au (g)	– college	da-da (N.W.)	– sweets
colli	– to lose	dal	– to hold, catch
côr (corau) (g)	– choir	darlun-iau (g)	– picture
cornel-i (g/b)	– corner	darn-au (g)	– piece
cot-iau (b)	– coat	dathlu	– to celebrate
cot fach (b)	– jacket	dau (g)	– two
cot fawr (b)	– overcoat		

dau ddeg	– twenty	Dydd Mawrth	– Tuesday
dawnsio	– to dance	Dydd Mercher	– Wednesday
de (g)	– south	Dydd Sadwrn	– Saturday
de (b)	– right	Dydd Sul	– Sunday
dechrau	– to start	Dydd Sul y Pasg	– Easter Sunday
deffro	– to wake up	dyn-ion (g)	– man
deg	– ten	dysgu	– to learn, teach
dere!	– come!		
desg-iau (b)	– desk	**DD**	
deuddeg	– twelve	ddoe	– yesterday
dewis	– to choose		
diddorol	– interesting	**E**	
diflas	– miserable, boring	Ebrill	– April
dihuno	– to wake up	edrych (ar)	– to look at
dillad	– clothes	efallai	– perhaps
dim	– nothing, not	effro	– awake
dim ond	– only	eglwys-i (b)	– church
dinas-oedd (b)	– city	eglwys gadeiriol (b)	– cathedral
diod-ydd (b)	– drink	ei	– his, her
diolch	– thanks	eich	– your
diwethaf	– last	(yr) Eidal	– Italy
dod	– to come	ein	– our
dodi	– to put	eira (g)	– snow
dodi i gadw	– to put away	eisiau	– to want
dolur gwddw (N.W.)	– sore throat	eistedd	– to sit
dos!	– go!	eithaf	– quite
dosbarth-iadau (g)	– class	eleni	– this year
dosbarth nos (g)	– night class	emyn-au (g)	– hymn
drama (dramau) (b)	– play	ennill	– to win
dringo	– to climb	enwog	– famous
dros	– over	er/ers	– since
dros y Sul	– over the weekend	ers pryd	– since when
drud	– expensive, dear	eraill	– other (pl)
drws (drysau) (g)	– door	erbyn	– by
drwy	– through	erbyn pryd	– by when
drwy'r nos	– all night	esgid-iau (b)	– shoe
drwy'r amser	– all the time	eto	– again, yet
drych-au (g)	– mirror	eu	– their
du	– black		
dweud	– to say	**F**	
dweud wrth	– to tell	faint	– how much, many
dwy (b)	– two	fe (mi)	– affirmative tag
dwylo	– hands	fe (N.W. fo)	– he, him
(y) dwymyn doben	– mumps	fel arfer	– usually
dwywaith	– twice	fi	– me
dy	– your	fo (S.W. fe)	– he, him
dydd	– day	(y) frech goch (b)	– measles
Dydd Bocsin	– Boxing Day	fy	– my
Dydd Gwener	– Friday		
Dydd Gwener y Groglith	– Good Friday	**FF**	
Dydd Gŵyl Dewi	– St. David's Day	ffenestr-i (b)	– window
Dydd Iau	– Thursday	fferins (N.W.)	– sweets
Dydd Llun	– Monday	ffilm-iau (b)	– film

ffliw	– influenza	gwesty-au (g)	– hotel
ffôn (b)	– telephone	gwddw (gyddfau) (g)	– neck, throat
ffonio	– to telephone	gwin-oedd (g)	– wine
ffordd (ffyrdd) (b)	– road	gwisg-oedd (b)	– dress
ffowlyn (g)	– chicken	gwisg nofio (b)	– bathing costume
Ffrainc	– France	gwisgo	– to wear, dress
ffrind-iau (g)	– friend	gwlad (gwledydd) (b)	– country
ffrog-iau (b)	– dress	gwlyb	– wet
ffrwyth-au (g)	– fruit	gwlychu	– to get wet
		gwneud	– to do, make
G		gwnïo	– to sew
gadael	– to leave	gŵr (gwŷr) (g)	– husband, man
gaeaf (g)	– winter	gwrando (ar)	– to listen (to)
gallu	– to be able to	gwraig (gwragedd) (b)	– wife, woman
gan (geni, etc)	– with, by etc.	gwres (g)	– temperature
gardd (gerddi) (b)	– garden	gwybod	– to know (a fact)
garddio	– to garden	gwydd (gwyddau) (g)	– goose
gartref	– at home	gwyliau	– holidays
gêm (gêmau) (b)	– game	Gŵyl Sain Steffan	– Boxing Day
geni	– to be born, to bear	gwynt-oedd (g)	– wind
ger	– near, by	gwyntog	– windy
glanhau	– to clean	gyda ('da)	– with
glaw-ogydd (g)	– rain	gyda'r nos	– in the evening
gobeithio	– to hope	gyrru	– to drive
gofalus	– careful		
gofyn	– to ask	**H**	
gogledd	– north	haf (g)	– summer
golau (goleuadau) (g)	– light	hanner	– half
golau	– fair	hanner awr wedi	– half past
golchi	– to wash	haul (g)	– sun
golff	– golf	heddiw	– today
gorffen	– to finish	heddlu	– police
Gorffennaf	– July	hefyd	– also, too
gormod	– too much, many	heini	– agile
gorwedd	– to lie down	heno	– tonight
Groeg	– Greece, Greek	heol-ydd (b)	– road
gwael	– poor quality, sick	het-iau (b)	– hat
gwaith (g)	– work	heulog	– sunny
gwaith cartref (g)	– homework	hi	-she, her
gwaith tŷ (g)	– housework	hir	– long
gwallt (g)	– hair	hoff	– favourite
gwanwyn (g)	– spring	hoffi	– to like
gwarchod	– to guard, take car of, babysit	hon (b)	– this
		honna (b)	– that
gwario	– to spend (money)	hosan-au (b)	– sock, stocking
gwau	– to knit	hufen-ia (g)	– ice cream
gweithio	– to work	hwn (g)	– this
gweld	– to see	hwnna (g)	– that
gwely-au (g)	– bed	hwyaden (hwyaid) (b)	– duck
gwell	– better	hwyr	– late
Gwener	– Friday	hyfryd	– nice, lovely
gwersyll-oedd (g)	– camp	hydref (g)	– autumn
gwersylla	– to camp	Hydref	– October

I

i	– to, for
Iau	– Thursday
iawn	– very, alright
ie	– yes
ifanc	– young
i fod i	– supposed to
i ffwrdd	– away
i gyd	– all
i mewn	– in
i mewn i	– into
Ionawr	– January
Iwerddon	– Ireland

L

lolfa (lolfeydd) (b)	– lounge
loncian	– to jog
losin	– sweets
lwcus	– lucky

LL

llaw (dwylo) (b)	– hand
lladd	– to kill
llaeth (g)	– milk
llai (o)	– less
llais (lleisiau) (g)	– voice
llawen	– happy
llawer (o)	– many, much
llawr (lloriau) (g)	– floor
lle-oedd (g)	– place
llefrith (N.W.)	– milk
llenwi	– to fill
llestri (g)	– dishes, crockery
lleuad (b)	– moon
lliw-iau (g)	– colour
Lloegr	– England
llong-au (b)	– ship
lluchio	– to throw
Llun	– Monday
Llungwyn	– Whit Monday
llun-iau (g)	– picture
Llundain	– London
lluosi	– to multiply
llwnc (g)	– throat
llyfr-au (g)	– book
llygad (llygaid) (g/b)	– eye
(y) llynedd	– last year
llysiau	– vegetables
llythyr-au/on (g)	– letter

M

mae	– is, are
maes	– field
maes (ma's)	– out
Mai	– May
Mam-au (b)	– mother
mamgu (b)	– grand mother
mam-yng-nghyfraith (b)	– mother-in-law
Manceinion	– Manchester
map-iau (g)	– map
marchnad-oedd (b)	– market
marw	– to die
Mawrth	– Tuesday, March
Medi	– September
meddwl	– to think
meddyg-on (g)	– doctor
Mehefin	– June
merch-ed (b)	– girl, daughter
Mercher	– Wednesday
mewn	– in a
mi (fe)	– 'affirmative tag'
mil-oedd (b)	– thousand
môr (moroedd) (g)	– sea
munud-au (g)	– minute
mwynhau	– to enjoy
mynd	– to go
mynd â	– to take
mynd am dro	– to go for a walk
mynydd-oedd	– mountain

N

nabod (adnabod)	– to know, recognise
Nadolig (g)	– Christmas
naddo	– no
nage	– no
nain (b)	– grandmother
naw	– nine
nawddsant (g)	– patron saint
nawr	– now
neithiwr	– last night
nesaf	– next
neu	– or
newid	– to change
newydd	– new
nhw	– they, them
ni	– we, us
niwlog	– misty, foggy
niwmonia	– pneumonia
nofel-au (b)	– novel
nofio	– to swim
nôl	– to fetch
'nôl (yn ôl)	– back
nos	– night
nos Fawrth	– Tuesday night
nos Fercher	– Wednesday night

nos Iau	– Thursday night	pobl	– people
nos Lun	– Monday night	poen-au (g)	– pain
nos Sadwrn	– Saturday night	poen cefn (g)	– backache
nos Sul	– Sunday night	poenus	– painful
nos Wener	– Friday night	poeth	– hot
nos yfory	– tomorrow night	pregethu	– to preach
		pregethwr(-wyr) (g)	– preacher
O		prifathro	
o	– from, of	(prifathrawon) (g)	– headmaster
o amgylch	– around	prifysgol-ion (b)	– university
oed (g)	– age	priod	– married
oedran (g)	– age	priodi	– to marry
oer	– cold	pryd	– when
ofnadwy	– terrible	prynhawn-iau (g)	– afternoon
ond	– but	(y) prynhawn 'ma	– this afternoon
opera-u (b)	– opera	prynhawn yfory	– tomorrow afternoon
o'r gloch	– o'clock	prynu	– to buy
os	– if	pump	– five
		pwdin-au (g)	– pudding
		pwy	– who
P		pwy biau	– who owns
pa	– which	pwyllgor– au (g)	– committee
pa fath o	– what kind of	pwynt-iau (g)	– point
pafiliwn (g)	– pavilion	pwysau	– weight
paid	– don't!		
pais (peisiau) (b)	– petticoat		
pam	– why	**R**	
pa mor...	– how ...	radio (b)	– radio
papur-au (g)	– paper	record-iau (b)	– record
paratoi	– to prepare	recordiad	– recording
parc-iau (g)	– park	roedd	– was, were
parti-on (g)	– party	rŵan (nawr N.W.)	– now
pawb	– everyone	rygbi	– rugby
pedair (b)	– four		
pedair gwaith	– four times	**RH**	
pedwar (g)	– four	rhad	– cheap
peidiwch!	– don't!	Rhagfyr	– December
peintio	– to paint	rhaglen-ni (b)	– programme
pêl droed	– football	rhaid	– must
pen-nau (g)	– head	(y) rhain	– these
pen tost	– headache	rhannu	– to divide, share
penblwydd (g)	– birthday	rhedeg	– to run
penderfynu	– to decide	rhew (g)	– ice
pentref-i (g)	– village	rhewi	– to freeze
penwythnos (g)	– weekend	(y) rheina	– those
pert	– pretty	rhieni	– parents
peswch (g)	– cough	rhoi	– to give
peth (g)	– thing	rhy	– too
pethau	– things	rhyngwladol	– international
pigyn clust	– earache	rhywbeth	– something
piau	– owns	rhywbryd	– sometime
plant	– children	rhywle	– somewhere
plentyn (plant) (g)	– child	rhywun	– someone
pob	– every		

S

Sadwrn	– Saturday	tair gwaith	– three times
sain (g)	– sound	tal	– tall
sain (sant) (g)	– saint	tarten (tartiau) (b)	– tart
saith	– seven	tatws	– potatoes
sâl	– ill	tawel	– quiet
sant (seintiau) (g)	– saint	te (g)	– tea
Sbaen	– Spain	tebyg	– like
selsig (b)	– sausage	tei-au (b/g)	– tie
sgert-iau (b)	– skirt	teisen-nau (b)	– cake
sglodion	– chips	teithio	– to travel
'sgrifennu	– to write	teledu (g)	– television
sgript-iau (b)	– script	tenau	– thin
siarad	– to talk, speak	teulu-oedd (g)	– family
sinema (b)	– cinema	tew	– fat
siop-au (b)	– shop	ti	– you
siopa	– to shop	tîm (timau) (g)	– team
sir-oedd (b)	– county	tonnog	– wavy
sirial (g)	– cerecl	torri	– to break, cut
siwmper-i (b)	– jumper	tost	– ill
siŵr	– sure	tost (g)	– toast
siwt-iau (b)	– suit	traeth-au (g)	– beach
smwddio	– to iron	tref- i (b)	– town
sosej (b)	– sausage	trên (trenau) (g)	– train
'stafell-oedd (b)	– room	treulio	– to spend (time)
stondin-au (b)	– stall	tri (g)	– three
stopio	– to stop	trochi (S.W.)	– to soil
stori-au (b)	– story	troed (traed) (b)	– foot
stormus	– stormy	trowsus-au (g)	– trousers
Sul	– Sunday	trwser-i (g)	– trousers
Sulgwyn	– Whitsun	trwsio	– to repair, mend
sut	– how	trwyn-au (g)	– nose
swnllyd	– noisy	tua (g)	– towards
swper (g)	– supper	tua	– approximately
swyddfa (swyddfeydd) (b)	– office	twrci-od (g)	– turkey
sych	– dry	twym (S.W.)	– warm
symiau	– sums	tŷ (tai) (g)	– house
symud	– to move	tynnu dillad	– to undress
syrcas (g/b)	– circus	tynnu llun	– to draw
syth	– straight	tyrd! (N.W.)	– come
		tywydd (g)	– weather
		tywyll	– dark

T

tabled-i	– tablet
taclus	– tidy
tacluso	– to tidy
Tachwedd	– November
tad-au (g)	– father
tadcu (g)	– grandfather
tad-yng-nghyfraith (g)	– father-in-law
tafarn-au (b/g)	– pub, inn
taflu	– to throw
taid (g)	– grandfather
tair (b)	– three

U

un	– one
un-ar-ddeg	– eleven
un deg un	– eleven
un deg dau	– twelve
un deg tri	– thirteen
un deg pedwar	– fourteen
un deg pump	– fifteen
un deg chwech	– sixteen
un deg saith	– seventeen
un deg wyth	– eighteen

un deg naw	– nineteen
unwaith	– once

W

wal-liau (b)	– wall
wedi	– past, after
wedi blino	– tired
weithiau	– sometimes
wrth	– by
wrth gwrs	– of course
ŵy (wyau) (g)	– egg
wyth	– eight
wythnos-au (b)	– week

Y

y (yr, 'r)	– the
yfed	– to drink
yfory	– tomorrow
yng-nghyfraith	– in-law
yma	– here
ymarfer	– to practice
ymolchi	– to have a wash
ymweld â	– to visit
yn	-in
yn	– see App. 2.
yna	– there
yn fyw	– alive
yno	– there
yn ôl	– back, ago
ynys-oedd (b)	– island
yn ystod	– during
yr (y, 'r)	– the
yr Alban	– Scotland
yr Almaen	– Germany
yr Eidal	– Italy
ysgafn	– light
ysgol-ion (b)	– school
ysgrifennu	– to write
ysgwydd-au (b)	– shoulder
ystafell-oedd (b)	– room

ATODIAD 1   APPENDIX 1

Y TREIGLIADAU   THE MUTATIONS

It is important NOT to try to learn these in table form — by rules! Depend on your ear — and learn them as you go along — in phrases etc.

1. **SOFT MUTATION**

c – g	g ——	ll – l
p – b	b – f	rh – r
t – d	d – dd	m – f

   1. Singular feminine nouns after y (except ll/rh), e.g. merch – y ferch.
   2. Adjectives after singular feminine nouns, e.g. merch dda.
   3. Feminine nouns after un, e.g. un ferch.
   4. After dau and dwy, e.g. dau fachgen; dwy ferch.
   5. In Preterite Tense and Future Tense of verb after Mi/Fe, e.g. Mi ddysgais i; Fe fyddwch chi.
   6. In question and negative of verbs, e.g. Ddysgais i ddim; Fyddwch chi.
   7. After ei (his) and dy (your), e.g. ei gar (e); dy ben ('di).
   8. In time expressions, e.g. dair blynedd yn ôl; fis Mai nesaf; ddydd Sul.
   9. After i (to/for); o (from/of), ar (on), e.g. o Fangor i Ddolgellau; ar gadair.
   10. In adjectives, numbers, nouns etc after 'yn' ('n), e.g. Mae hi'n boeth; mae o'n ddwy oed; Mae John yn feddyg.
   11. In Past Tense questions after 'Beth?' (what?) and 'Pwy?' (who?), e.g. Beth ddarllenoch chi?
   12. After am (at), e.g. am ddeg o'r gloch.
   13. After Mae/Roedd rhaid i fi, etc., e.g. Mae rhaid iddyn nhw fynd.
   14. After Fe/Mi ddylwn i, etc., e.g. Fe ddylech chi ddod.
   15. After Roedd/Mae'n gas 'da fi (gen i) etc and Roedd/Mae'n well 'da fi (gen i), etc., e.g. Mae'n gas 'da fi brynu dillad newydd.
   16. After yn rhy (too), e.g. yn rhy boeth.
   17. After hoff, e.g. fy hoff lyfr.
   18. After Ga'i?, e.g. Ga'i fynd allan?
   19. Direct object of verb in Preterite Tense, e.g. Fe fwytais i gig moch i frecwast.
   20. After Mae 'da fi/Mae gen i, etc. e.g. mae 'da fi gar newydd.
   21. After neu (or), e.g. coffi neu de.

2. **NASAL MUTATION**

c – ngh	g – ng
p – mh	b – m
t – nh	d – n

   1. After fy (my), e.g. car–fy nghar (i).
   2. After yn (in), e.g. Caerdydd–yng Nghaerdydd; Bangor–ym Mangor.

   Notice yn itself changes too.

3. **ASPIRATE MUTATION**

   c – ch
   p – ph
   t – th

1. After *a* (and), e.g. ci a *ch*ath.
2. After *tua* (approximately), e.g. tua *th*ri o'r gloch.
3. After *tri* (three), e.g. tri *ch*ar.
4. After *chwe* (six), e.g. chwe *ph*unt.
5. After *ei* (her), e.g. ei *th*ŷ (hi).
6. After *na*, e.g. cei! Na *ch*ei!
7. After *paid â*, e.g. paid â *th*orri.

ATODIAD 2   APPENDIX 2

There are three forms of *yn* in Welsh:

1. The preposition ('in') which causes a Nasal Mutation. The *yn* itself can change to either *yng* or *ym*.
   e.g. Caerdydd   – yng Nghaerdydd
         Dolgellau   – yn Nolgellau
         Bedwas   – ym Medwas

2. The predicative *yn* which causes a Soft Mutation (except 'll' and 'rh'). The normal sentence pattern is Verb 'to be' + subject + predicate. *Yn* links the verb and subject to the predicate.

   e.g. Rydw i'n dal.
         Roedden nhw'n blant da.
         Fe fyddwch chi'n ddoctor.
         Mae hi'n dri o'r gloch.

3. To form the present participle of the verb. This *yn* does not cause a mutation.

   e.g. cerdded (to walk)   – yn cerdded (walking)
         Mae e'n cerdded yn y parc.
         dod (to come)   – yn dod (coming)
         Wyt ti'n dod allan heno?

ATODIAD 3   APPENDIX 3

You'll notice the use of the *–wch* ending in the instructions for the excercises. This is the plural and the singular (polite) form of the command.
(In Unit 18 you will find notes on the singular 'familiar' form with the *–a* ending.)

e.g. Ysgrifennu (to write)   – Ysgrifennwch!
                                    Ysgrifenna!
      Ateb (to answer)   – Atebwch!
                                    Ateba!
      Llenwi (to fill)   – Llenwch!
                                    Llenwa!
      Cyfieithu (to translate)   – Cyfieithwch!
                                    Cyfieitha!

MYNEGAI — INDEX
(Numbers refer to Units/Appendix)

A.
a, ac 1, 32
achos 31
Adverbial expressions 3, 13
Adjectives 4, 14, 19, 20
age 2.
Ailments 13, 30
am (at) 3, 5, 6.
am (for) 28
ar (on) 4, 16, 29, 30
arfer 12.
aros (Preterite Tense) 4.
Article 2, 4, 5
Aspirate Mutation 1
at 5, 6.

B.
because 31
beth 1, 2, 3, 6, 7, 8, 10, 11, 13, 15, 23, 25, 26, 27, 30, 32.
ble 1, 2, 3, 6, 9, 11, 12, 18, 23, 32.
bob 28
bod (to be)
— Present Tense 1, 2, 8, 29
— Negative 3
— Imperfect Tense 4, 12, 13, 15, 17, 30.
— Future Tense 22, 23.
bod (that) 30, 31.
buodd farw 9.
bwyd 7, 8.

C.
cael (to have) 7, 11, 12
— (passive) 12, 28.
Christmas 10
Clothes 18
Commands 15, 18
Countries 17, 24
cynnal 28

D.
'da (see *'gyda'*)
Days of the week 3
de 28
Direct Object (Preterite Tense) 11.
Dislikes 27
diwethaf 13
do 11, 19
dod (Commands) 18
dy 15, 18
dylwn 32

E.
efallai 31
ei (his/her) 12, 13, 17, 20.
eich 2, 4, 12, 13.
ein 4,
eisiau 6, 7.
Eisteddfod 28
eithaf 14
Emphasis 1, 24, 25, 28.
erbyn pryd 15
ers pryd 3
every 28

F.
faint 13, 22.
family 9.
favourite 26
Fe (Mi) 4
Feast Days 17
final 'f' 22
first 17
food 7, 8.
for (am) 28
for (i) 7
from 1, 4
Future Tense (bod) 22
fy 9, 13

G.
gaf i 19
gan 1, 19, 20, 27, 29.
geni 13
Genitive 13, 17, 26
gogledd 28
gormod o 32
Greetings 1
gwell 27
gwneud (Preterite Tense) 4
gyda 1, 9, 16, 20, 27, 29

H.
hate 27
her 17, 20
his 17, 20
hoff 26
hoffi 2
holl 22
hon 21, 26
honna 25, 26
How 1, 4.
hwn 21, 26
hwnna 25, 26

169

I.
i (to/for) 2, 3, 4, 7.
iawn 14
ie 24
i + ei 20
if 29
i fod i 24
Imperfect Tense *(bod)* 4, 12, 15, 17, 30.
Interrogatives
— mutation after 19
Inverted sentence order 24
it 4

L.
last 13
less 32
like 20
likes and dislikes 27

LL.
llai o 32
llawer 28

M.
May I 19
many 28
meals 7
mewn 4
Mi (Fe) 4
Months of the Year 13, 17
must 19
may 9, 13
mynd (Preterite Tense) 3, 4, 6
— Commands) 18

N.
naddo 11, 19
nage 24
Nasal Mutation A1
Negative–(Present) 3, 8, 29
      (dylwn) 32
nesaf 13
neu 27
next 13
Nights of the Week 3
ni 25
nos 3
Numbers 1, 2, 3, 5, 28.
— feminine forms 2

O.
o (from/of) 1, 28
Object, soft mutation of 11

on 4, 16
os 29
Ought to 32
our 4

P.
pam 17, 32
pa fath 20, 28
pa mor 9
paid 18
pan 28
Passive 12, 28
Past Tense (see Preterite)
penblwydd 13
Perfect Tense 10
perhaps 31
piau 21
please 7
Possession
— (Genitive) 2, 3, 13, 17, 26
— ('da/gan) 1, 9, 16, 20, 29
preferences 27
Preterite Tense 3, 4, 6, 11.
prif 28
Pronunciation 1
pryd 5, 6, 9, 10, 11, 12, 13, 19, 22, 32
pwy 1, 17, 19, 23, 25, 26, 32

R.
Responses:—
— *Byddaf* etc. (Future) 19, 23
— *Do/Naddo* (Preterite) 19
— *Ie/Nage* (Emphatic) 24
— *Oeddwn* etc (Imperfect) 19
— *Oes* (Present Indefinite) 1, 9, 19
— *Ydw* etc (Present and Perfect) 1, 6, 7, 10, 19

RH.
rhaid 15, 19
(y) rheina 25, 26
rhy 19

S.
should 32
Soft Mutation A1
sorry 31
supposed to 24
sut 1, 4, 23, 32

T.
ti 8, 15, 19
Time 5, 6
to 2, 4

too 19
tua 6
tywydd 14

TH.
that—(*bod*) 30, 31
  —(pronoun) 25, 26
  —(adjective) 21
the 2, 4, 5
these (adjective) 21
this—(pronoun) 26
  —(adjective) 21
those—(pronoun) 25, 26
  —(adjective) 21

U.
unwaith (etc) 9

W.
...*waith* 9
Weather 14
wedi 9, 10
what 1, 2, 6, 7, 8, 10, 11, 13, 15, 23, 25, 26, 27, 30, 32
when 5, 6, 9, 10, 11, 12, 13, 19, 22, 32.
where 1, 2, 3, 6, 9, 11, 12, 13, 23, 32.
who 1, 17, 19, 23, 25, 26, 32.
who is/are 25
whose 26
why 17, 32

Y.
y, yr, 'r 2, 4
y, yr (a) 9
ydy 17
years 3
yma 21, 26
yn—(in) 1, 2, 13, A2
  —(+predicate) 2, 4, 5, 14, A2
  —(+verb) 2, A2.
yna 21, 26
your 2, 4, 13, 15, 18